DEBUT D'UNE SERIE DE DOCUMENTS
EN COULEUR

L'ÉGLISE RUSSE

PAR

I.-L. GONDAL, S.-S.

Professeur d'apologétique et d'histoire au séminaire Saint-Sulpice.

DEUXIÈME ÉDITION

PARIS

LIBRAIRIE BLOUD ET BARRAL

4, RUE MADAME ET RUE DE RENNES, 59

—

1900

SCIENCE ET RELIGION

Etudes pour le temps présent. — Prix 0 fr. 60 le vol.

— **Certitudes scientifiques et Certitudes philosophiques**, par le R. P. DE LA BARRE, S. J., prof. à l'Institut catholique de Paris.　1 vol.

— *Du même auteur :* **L'Ordre de la nature et le Miracle.**　1 vol.

— **L'Ame de l'homme**, par J. GUIBERT, supérieur du séminaire de l'Institut catholique de Paris.　1 vol.

— **Faut-il une religion ?** par l'abbé GUYOT.　1 vol.

— *Du même auteur :* **Pourquoi y a-t-il des hommes qui ne professent aucune religion ?**　1 vol.

— **Nécessité scientifique de l'existence de Dieu**, par P. COUBERT　1 vol.

— *Du même auteur :* **Jésus-Christ est Dieu.**　1 vol.

— id.　　**Convenance scientifique de l'Incarnation.**　1 vol.

— **Etudes sur la pluralité des mondes habités et le dogme de l'Incarnation**, par le R. P. ORTOLAN.

I. — *L'Epanouissement de la vie organique à travers les plaines de l'infini.*　1 vol.

II. — *Soleils et terres célestes.*　1 vol.

III. — *Les Humanités astrales et l'Incarnation.*　1 vol.

— *Du même auteur :* **La Fausse Science contemporaine et les Mystères d'Outre-tombe.**　1 vol.

— id.　　**Vie et Matière ou Matérialisme et Spiritualisme en présence de la Cristallogénie.**　1 vol.

— id.　　**Matérialistes et Musiciens.**　1 vol.

— **L'Au-delà ou la Vie future d'après la foi et la science**, par l'abbé J. LAXENAIRE.　1 vol.

— **Le Mystère de l'Eucharistie. — Aperçu scientifique**, par l'abbé CONSTANT.　1 vol.

— *Du même auteur :* **Le Mal, sa nature, son origine, sa réparation.**　1 vol.

— **L'Eglise catholique et les Protestants**, par G. ROMAIN.　1 vol.

— *Du même auteur :* **L'Inquisition, son rôle religieux, politique et social.**　1 vol.

— **Mahomet et son œuvre**, par I. L. GONDAL, professeur d'apologétique et d'histoire au séminaire Saint-Sulpice.　1 vol.

— *Du même auteur :* **L'Eglise Russe.**　1 vol.

— **Christianisme et Bouddhisme** (*Etudes orientales*), par l'abbé THOMAS, vicaire général de Verdun.　2 vol.

— *Du même auteur :* **Dieu auteur de la vie.**　1 vol.

— id.　　**La Fin du monde d'après la Foi.**　1 vol.

— **Où en est l'hypnotisme, son histoire, sa nature et ses dangers**, par A. JEANNIARD DU DOT, auteur du *Spiritisme dévoilé.*　1 vol.

— *Du même auteur :* **Où en est le Spiritisme.**　1 vol.

— id.　　**L'Hypnotisme et la science catholique.**　1 vol.

— id.　　**L'Hypnotisme transcendant en face de la philosophie chrétienne.**　1 vol.

— L'Apologétique historique au XIXᵉ siècle. — La Critique irréligieuse de Renan, etc. par l'abbé Ch. Denis. 1 vol.

— Nature et Histoire de la liberté de conscience, p. l'abbé Canet. 1 vol.

— L'Animal raisonnable et l'Animal tout court, par C. de Kirwan. 1 vol.

— La Conception catholique de l'Enfer, par l'abbé Brémond. 1 vol.

— L'Attitude du catholique devant la Science, p. G. Fonsegrive. 1 vol.

— Du même auteur : Le Catholicisme et la Religion de l'Esprit. 1 vol.

— Du Doute à la Foi, par le R. P. Tournebize, S. J. 1 vol.

— Du même auteur : Opinions du jour sur les peines d'outre-tombe. 1 vol.

— La Synagogue moderne, sa doctrine et son culte, par A. F. Saubin. 1 vol.

— Du même auteur : Le Talmud et la Synagogue moderne. 1 vol.

— Evolution et Immutabilité de la doctrine religieuse dans l'Eglise, par M. Prunier, supérieur de grand séminaire. 1 vol.

— La Religion spirite, son dogme, sa morale et ses pratiques, par I. Bertrand. 1 vol.

— Du même auteur : L'Occultisme ancien et moderne. 1 vol.

— L'Hypnotisme franc et l'Hypnotisme vrai, par le Dʳ Hélot. 1 vol.

— L'Eglise et le Travail manuel, par l'abbé Sabatier. 1 vol.

— Unité de l'espèce humaine, prouvée par la similarité des conceptions et des créations de l'homme, par le marquis de Nadaillac. 1 vol.

— Du même auteur : L'Homme et le Singe. 2 vol.

— Le Socialisme contemporain et la Propriété, p. M. G. Ardant 1 vol.

— Pourquoi le Roman à la mode est-il immoral et pourquoi le Roman moral n'est-il pas à la mode ? par G. d'Azambuja. 1 vol.

— Comment se sont formés les Evangiles, par le P. Th. Calmes, professeur au grand séminaire de Rouen. 1 vol.

Viennent de paraître :

— L'Impôt et les Théologiens. *Etude philosophique, morale et économique,* par le comte de Vorges, ancien ministre plénipotentiaire, membre de l'Académie de Saint-Thomas, etc., etc. 1 vol.

— Du même auteur : Les Ressorts de la Volonté et le libre Arbitre. 1 vol.

— Nécessité mathématique de l'Existence de Dieu. *Explications — Opinions — Démonstration,* par René de Cléré. 1 vol.

— Saint Thomas et la Question juive, par Simon Deploige, professeur à l'Université Catholique de Louvain. 1 vol.

— Premiers principes de Sociologie Catholique, par l'abbé Naudet. 1 vol.

— La Patrie. — *Aperçu philosophique et historique,* par J. M. Villefranche. 1 vol.

— Le Déluge de Noé et les races Prédiluviennes, par C. de Kirwan. 2 vol.

— La Saint-Barthélemy, par Henri Hello. 1 vol.

— **L'Esprit et la Chair.** *Philosophie des macérations,* par Henri LASSERRE, auteur de *Notre-Dame de Lourdes,* etc., etc.   1 vol.

— **Le Problème Apologétique,** par l'abbé C. MANO, docteur en philosophie.   1 vol.

— **Le Levier d'Archimède ou la Mécanique céleste et le Céleste Mécanicien,** par le R. P. ORTOLAN.   2 vol.

— **Ce que le Christianisme a fait pour la femme,** p. G. d'AZAMBUJA.   1 vol.

— **L'Hypnotisme et la Stigmatisation,** par le Dr IMBERT-GOURBEYRE.   1 vol.

— **L'Éducation chrétienne de la Démocratie,** *essai d'apologétique sociale,* par Ch. CALIPPE.   1 vol.

— **La Religion catholique peut-elle être une science ?** par l'abbé G. FRÉMONT.   1 vol.

— *Du même auteur :* **Que l'Orgueil de l'Esprit est le grand écueil de la Foi,** *Théodore Jouffroy, Lamennais, Ernest Renan.*   1 vol.

— **La Révélation devant la Raison,** par F. VERDIER, supérieur de Grand Séminaire.   1 vol.

— **Confréries musulmanes.** — *Histoire — Discipline — Hiérarchie,* par le R. P. PETIT.   1 vol.

— **Pratique de la Liberté de conscience dans nos Sociétés contemporaines,** par l'abbé CANET.   1 vol.

— **Comment peut finir l'Univers,** d'après la science, p. C. DE KIRWAN   1 vol.

— **Les Théories modernes de la Criminalité,** par le Dr DELASSUS   1 vol.

— **Faillite du Matérialisme,** par Pierre COURBET, 3 vol. *se vendant séparément :*

   I. — *Historique.*   1 vol.

   II. — *Discussion ; l'atome et le mouvement.*   1 vol.

   III. — *Discussion ; l'éther, le gaz, l'attraction. Conclusion.* — *Appendice.*   1 vol.

— **Le Globe terrestre,** par A. DE LAPPARENT, Membre de l'Institut, professeur à l'Ecole libre des Hautes Etudes. 3 vol. *se vendant séparément.*

   I. — *La Formation de l'écorce terrestre.*   1 vol.

   II. — *La nature des mouvements de l'écorce terrestre.*   1 vol.

   III. — *La Destinée de la terre ferme et la Durée des temps.*   1 vol.

— **De la Connaissance du Beau,** *sa définition, application de cette définition aux beautés de la nature,* par l'abbé GABORIT, archiprêtre de la Cathédrale de Nantes.   1 vol.

— **Le Diable dans l'Hypnotisme,** par le docteur Ch. HÉLOT.   1 vol.

— **De la Prospérité comparée des nations protestantes et des nations catholiques,** *au point de vue économique — moral — social,* par le R. P. FLAMÉRION, S. J.   1 vol.

— **L'Art et la Morale,** par le P. SERTILLANGES, dominicain, docteur en théologie.   1 vol.

— **La Sorcellerie,** par I. BERTRAND.   1 vol.

— **Qu'est-ce que l'Écriture sainte ?** *Les Livres inspirés dans l'antiquité chrétienne. Théorie de l'inspiration,* par le P. Th. CALMES.   1 vol.

Impr. des Orph.-Appr. d'Auteuil, D. Fontaine, 40, rue La Fontaine, Paris.

L'ÉGLISE RUSSE

PAR

I.-L. GONDAL, S.-S.

Professeur d'apologétique et d'histoire au séminaire Saint-Sulpice.

DEUXIÈME ÉDITION

PARIS

LIBRAIRIE BLOUD ET BARRAL

4, RUE MADAME ET RUE DE RENNES, 59

1900

L'ÉGLISE RUSSE

AVANT-PROPOS.

Le drapeau russe flotte à l'heure présente sur plus de 23 millions de kilomètres carrés, couvrant de son autorité souveraine le plus vaste domaine d'un seul tenant que jamais peuple au cours des siècles ait possédé sous le soleil : plus du sixième des terres émergées, deux fois l'empire chinois, quarante et une fois notre patrie. Seul, le drapeau britannique plane, sinon plus haut du moins plus loin, sur 24 millions de kilomètres carrés épars sur le globe.

Cent trente millions de sujets du tsar vivent au large, généralement clairsemés, sur des terres froides pour la plupart mais fertiles, n'utilisant encore aujourd'hui que la minime partie d'un sol qui, sans grand effort, en nourrirait un milliard. Par le seul fait de l'excédent des naissances, leur nombre augmentant en moyenne de deux millions tous les ans, combien seront-ils dans un siècle ? Numériquement, dès ce jour, trois fois supérieurs aux Français de France, presque le tiers des Européens, inférieurs aux Hindous seulement et aux Chinois, ils forment près du dixième de l'humanité.

Chrétien de croyance, d'organisation et de vie, l'immense Empire du Nord, de beaucoup la plus vaste province de l'univers éclairé par l'Évangile, ne compte guère que des baptisés. A l'ouest, sur la

Vistule, quatre millions de Juifs ; au sud, autour du Caucase, cinq millions de musulmans ; à l'est, dans les solitudes du Turkestan, quelques centaines de Bouddhistes ; au nord, dans les toundras, quelques milliers de fétichistes ; partout ailleurs, la croix resplendit triomphante. Cent vingt millions de fidèles, plus du quart de la grande famille du Christ, vivent sous l'autorité souveraine des Tsars.

Malheureusement, en Russie comme ailleurs, plus qu'ailleurs peut-être, la politique divise ceux que la foi devrait unir. Les chrétiens que la naissance a faits et ceux que la conquête a rendus sujets de l'Empire, sans unité parce que sans chef légitime librement reconnu de tous, se distribuent, d'après la communauté des intérêts, des regrets ou des espérances, en cinq groupes nettement distincts, toujours rivaux et souvent en guerre. Par ordre d'importance numérique décroissante :

Les « Orthodoxes, » plus de soixante-dix millions, presque tous Russes et presque tous les Russes proprement dits, à eux seuls formant l'Eglise officielle et nationale, en un mot, l'Eglise russe.

Les « Raskolniks » ou dissidents, de quinze à trente millions, terme générique servant à désigner les diverses communautés chrétiennes qui, sur terre russe, ont refusé de s'incorporer à l'Eglise officielle ou en sont librement sorties.

Les « Catholiques, » de huit à dix millions, immortels débris de la fédération polonaise.

Les « Protestants, » puissants par le nombre et la cohésion — de quatre à cinq millions, — dans les anciennes possessions allemandes et scandinaves sur les rivages de la mer Baltique.

Les « Arméniens » enfin, quelques centaines de mille, incorporés à l'Empire par le traité de 1878, qui a fait sujet du tsar le chef religieux de la nation arménienne, le Catholicos d'Eschmiadjin.

Il ne sera question dans ce traité que de l'Eglise orthodoxe.

Des plaines sans fin, coupées de vastes marais, de grands lacs et de larges fleuves, de larges fleuves surtout, voilà ce qu'on rencontre de la Vistule à l'Oural et de l'Océan glacial au Caucase : c'est la Russie. Pays immense, sans relief, sans frontières. Les seules limites étant des cours d'eau, l'influence de ces derniers sur les destinées tant politiques que religieuses du pays ne pouvait pas ne pas être décisive et souveraine. Elle le fut. Le Dniéper avait fait de la Russie née sur ses bords une province byzantine; le Volga fit du peuple russe maître de tout son cours un dominateur asiatique; la Néva fera de l'empire installé près de son embouchure une puissance européenne. Toute l'histoire de ce pays est celle de ses trois grands fleuves. Elle se divise en trois périodes : celle du Dniéper avec Kiev, celle du Volga avec Moscou, celle de la Néva avec Saint-Pétersbourg. D'où les trois chapitres de cet aperçu sur les destinées de l'Eglise russe : L'Archevêché de Kiev, le Patriarcat de Moscou et le Synode de Saint-Pétersbourg.

CHAPITRE PREMIER.

L'ARCHEVÊCHÉ DE KIEV.

Sommaire : Dans le bassin du Dniéper : Blancs-Russiens et Petits-Russiens. — Les Cosaques. — L'Eglise ruthène. — La conquête normande. — L'évangélisation byzantine. — Conversion des Russes sous Vladimir. — Erection de l'évêché de Kiev en métropole sous Iaroslav-le-Grand. — Kiev et Rome. — L'anarchie princière et le morcellement de l'Eglise russe.

1. *Dans le bassin du Dniéper : Blancs-Russiens et Petits-Russiens.* — Le bassin de ce grand fleuve a vu naître et grandir deux peuples de race slave, les Blancs-Russiens et les Petits-Russiens. Les Blancs-Russiens, ou Bélo-Russes, habitants des plaines infertiles et malsaines du haut Dniéper et du Pripet, ont pour voisins, au nord les Lithuaniens, au sud les Petits-Russiens, à l'ouest les Polonais, à l'est les Grands-Russiens ou Moscovites. Leur pays, grand comme la moitié de la France, compte à peine quatre millions d'habitants. Il est très pauvre, et la boue y forme comme le « cinquième élément. » Les plaines sont basses, coupées de lacs, couvertes de forêts à demi noyées. Le blé y donne à peine trois pour un. Les Blancs-Russiens sont probablement les premiers habitants de leur pays, et c'est encore chez eux que l'on trouve, malgré les conditions désavantageuses que nous venons d'indiquer, le type le plus pur et le plus régulier de la race slavo-russe. — La famille bélo-russienne n'a jamais joui de l'autonomie politique. La Blanche-Russie, en effet, a toujours

eu des maîtres étrangers, tantôt lithuaniens, tantôt polonais, tantôt grands-russiens. Ce n'est pas un royaume, c'est une province dont l'histoire remonte à peine au XIII* siècle. A cette époque, bélo-russe devient synonyme d'homme « libre », et on donne le nom de Bélo-Russie à toutes les provinces russes affranchies du joug des Mongols, par les princes de Lithuanie. A partir du XIV* siècle, le nom de Blanche-Russie est réservé aux possessions lithuaniennes, arrachées aux Moscovites par les Polonais. Depuis le premier partage de la Pologne, il ne désigne plus que les deux provinces actuelles de Vitebsk et de Mohilef, attribuées à Catherine II; Nicolas I*er a même enlevé à Vitebsk et à Mohilef leur titre officiel de provinces « blanches-russiennes » pour en faire de simples « gouvernements » de l'Empire.

Les Petits-Russiens ou Malo-Russes occupent l'immense territoire compris entre le Donetz en Russie, le San en Galicie, et les sources de la Tisza dans l'État magyar. Ils se fondent à la vérité par transitions insensibles avec les Blancs-Russiens au nord, et avec les Slovaques au sud-ouest ; mais ils se distinguent nettement des Polonais à l'ouest et des Moscovites ou Grands-Russiens à l'ouest. « Le Malo-Russe, dit E. Reclus (1), se considère comme différent du *Lekh* (Polonais) et du *Moskal* (Grand-Russien) comme formant une unité distincte entre la Pologne et la Russie. » Entre Petits et Grands Russiens les sympathies ne sont pas très vives, et généralement ils ne se désignent que par des sobriquets : le Grand-Russien est un bouc (Katzap) parce qu'il porte toute la barbe. Les croisements sont très rares ; aussi les deux peuples conservent-ils le type héréditaire qui

(1) E. Reclus, *Nouv. Géogr. Générale,* t. V.

permet de distinguer à première vue un Moscovite d'un Petit-Russien. Ce dernier est plus grand, moins lourd, plus intelligent bien que moins instruit; ce qui lui manque surtout c'est le sens pratique et l'esprit de suite. On compte aujourd'hui environ 20 millions de Petits-Russiens presque tous agriculteurs.

La race malo-russienne a fait son apparition dans l'histoire vers le milieu du IX° siècle. A cette époque, les tribus slaves des Sévérianes et des Polianes essaient de se grouper en confédération autour de Kiev, berceau et centre de gravité de l'état Petit-Russien. Depuis lors elle a puissamment rayonné à l'est et au sud, sans toutefois jamais parvenir à constituer une unité politique solide et durable. C'est qu'en effet il est malaisé de créer un Etat sur un grand chemin : or la race malo-russienne a constamment vécu sur le grand chemin de steppes qu'ont sillonné pendant tant de siècles les envahisseurs asiatiques : Hongrois, Petchénègues, Koumanes, Turcs, Tartares, etc. Aussi ont-ils été tour à tour et à diverses reprises, suivant la marche des envahisseurs, refoulés vers le nord, ou entraînés vers l'occident. La puissante colonie ruthène d'outre-Karpathes remonte au X° siècle. L'invasion magyare les entraîna à sa suite, et, jusqu'au XIV° siècle, les rois de Hongrie les attirèrent dans leurs Etats.

Le nom de Petite-Russie apparaît pour la première fois à la fin du XIII° siècle, et il s'applique à la Volhynie et à la Galicie; puis il devient l'appellation du Dniéper moyen ou de la Kiévie, berceau primitif de la race et centre de son rayonnement. Du X° au XV° siècle, pendant toute la période de son évolution occidentale, la race malo-russienne s'est heurtée, au nord et à l'ouest, à trois peuples qui l'ont soumise à leurs lois et incorporée à leur empire, les Hongrois, les Lithuaniens et les Polonais.

2. *Les Cosaques.* — Avec le XVIᵉ siècle commence l'évolution orientale. Depuis l'invasion de la Crimée (1475), les plaines méridionales de la Slavie étaient devenues pour les Tartares musulmans un véritable territoire de chasse à l'esclave. Les hideux pourvoyeurs des harems et des bagnes de Stamboul traitaient, à cette époque, les populations des bords du Dniester, du Dniéper et du Don, comme les esclavagistes traitent aujourd'hui les populations des bords du Nyanza et du Tanganika. L'Orient slave s'émut au récit des atrocités commises sur terre chrétienne, au nom de l'Islam, et de toutes parts accoururent sur la frontière en péril de généreux chrétiens, résolus à protéger leurs coreligionnaires contre les incursions sauvages des bandits de Constantinople. Il en vint de la Lithuanie, de la Moscovie et de la Pologne.

Soutenus par leurs frères chrétiens du nord et de l'ouest, les Petits-Russiens, sous le nom de *Cosaques*, organisèrent la défense, et créèrent, sur la limite du monde slave, une sorte de république militaire, dont les frontières se déplaçaient suivant les changements des confins. Entre bandits musulmans et aventuriers chrétiens, s'engagea une lutte à mort, une guerre terrible sans trève ni merci, qui dura plus de deux siècles. « L'Ukraine » c'est-à-dire, la « Région des limites, la Frontière, la Marche » avançait ou reculait, suivant les vicissitudes de la guerre et de la colonisation armée.

La nation des Cosaques faisait paître ses troupeaux, chassait et pêchait dans les plaines ravagées de la

Russie méridionale. « Leur sauvage liberté attirait autour d'eux, de Pologne et de Lithuanie, une multitude grossissante de paysans échappant à la servitude. » Au XVII° siècle, l'Ukraine pouvait ranger en ligne de bataille, au moins 120.000 guerriers. Les *Zaporogues*, véritable avant-garde de cette nation d'aventuriers et de soldats, rivalisaient d'audace et parfois de sauvagerie avec les défenseurs armés des frontières musulmanes. Entre les deux civilisations s'étendait une large zone de terres désolées, ruinées de fond en comble, désertes, traversée par les armées ennemies en temps de guerre, respectée, en temps de paix, comme une limite de mort, entre la Slavie et les Etats musulmans. Les traités de paix parlent de cette barrière. A la fin du XVII° siècle, elle avait 50.000 kil. car. Quand le Turc vaincu dut abandonner sans espoir de retour la Russie méridionale, l'Ukraine dilata ses frontières, au sud jusqu'à la mer Noire, à l'est jusqu'au Don. Un instant, au XVIII° siècle, la race ukrainienne parvint à se soustraire à la domination polonaise, mais ce ne fut que pour tomber sous la domination moscovite. Sous prétexte d'échapper au roi de Pologne, les Cosaques implorèrent la protection du tsar de Russie.

Jamais donc, pas plus à l'époque de son expansion vers l'orient, qu'à l'époque de ses migrations vers l'occident, la nation malo-russienne n'a pu constituer un Etat autonome durable. Depuis le partage de la Pologne, elle est coupée en deux. La Russie a pris pour elle l'Ukraine et la Volhynie ; l'Autriche garde provisoirement la Galicie et la Bukowine. Les trois millions de Petits-Russiens, que divers traités ont mis sous la domination de l'empereur d'Autriche-Hongrie, se tournent volontiers vers leurs frères, sujets du tsar, au nombre de dix-sept millions, et tous ensemble aspirent à affirmer plus vigoureusement que par le passé leur nationalité, à conserver le libre usage de leur langue, et même à conquérir, dans la mesure du possible, l'autonomie politique.

3. *L'Eglise ruthène.* — Tous les Russes du Dniéper, Blancs ou Petits, sont chrétiens, mais chrétiens de rite grec et de langue slave. Leur Eglise, dont les origines remontent au X⁰ siècle, a passé par trois phases principales. La phase *Byzantine,* du X⁰ au XV⁰ siècle : Byzance, pendant cette longue période, après avoir conquis à la foi chrétienne, par l'intermédiaire de moines bulgares, les peuples de la Slavie orientale, leur inocule directement le poison de ses doctrines et les entraîne dans sa défection si bien qu'au XV⁰ siècle tous les Russes sont schismatiques. La phase *Romaine,* du XV⁰ au XVIII⁰ siècle : Rome, pendant ces trois siècles, avec le concours de la catholique Pologne, s'efforce de ramener à la foi véritable les malheureuses victimes de la défection byzantine. A la fin de cette période, les Russes sont divisés ; la noblesse a passé presque tout entière, non seulement à la foi romaine, mais au rite latin ; la majorité du peuple et du clergé a accepté l'Union avec Rome, tout en gardant son rite et sa langue ; une minorité assez importante reste obstinément attachée aux traditions schismatiques de l'orthodoxie orientale. Enfin la phase *Moscovite,* de la fin du XVIII⁰ siècle jusqu'à nos jours : depuis le partage de la Pologne, la Russie n'a cessé de poursuivre, par tous les moyens, l'anéantissement de l'Eglise « Unie » et le triomphe de l'Eglise « Orthodoxe. »

L'œuvre néfaste de la décatholicisation de l'Eglise « Ruthène » en Russie est aujourd'hui en apparence terminée. Officiellement Blancs et Petits Russiens sujets du tsar sont « orthodoxes »; l'Empire ne compte, ni un prêtre ni un fidèle uniate. L'Union a été supprimée, anéantie par Catherine II, en Oukraine, en Volhynie et en Podolie; par Nicolas I⁰ʳ, en Russie-Blanche et en Lithuanie; par Alexandre II, en Pologne. L'iniquité est aujourd'hui consommée. Peu de crimes égalent en noirceur le crime accompli froidement sous les trois souverains que nous venons de nommer.

4. *La conquête normande.* — Deux peuples de mœurs très différentes, les Normands et les Byzantins, entreprirent vers le milieu du IXᵉ siècle de soumettre à leur autorité, les populations essentiellement anarchiques échelonnées sur l'extrême limite de la Slavie orientale, depuis l'embouchure de la Néva jusqu'à celle du Dniéper. Les premiers fournirent des chefs de guerre, chargés d'unir leurs tribus flottantes en corps de nation, les seconds des missionnaires chargés de les unir entre eux et avec leurs voisins civilisés par le lien d'une religion commune. L'organisation des tribus slaves du Dniéper et de l'Ilmen fut donc le résultat d'une double conquête, l'une militaire venue du nord, l'autre ecclésiastique venue du sud.

La chronique dite de *Nestor* nous indique fort clairement la voie commerciale qui menait du pays des Varègues (Scandinavie) à Constantinople. Cette voie suit la Néva, traverse le lac Ladoga, remonte le Volkhov, le lac Ilmen et la Lovat. Pour passer du bassin de la Baltique dans celui de la mer Noire, les barques légères des Vikings scandinaves étaient démontées, roulées ou traînées sur les *portages*, (Volok, Volotchok), remises à flot sur la Dwina du

sud, puis, après un nouveau débarquement, lancées
à Smolensk sur le Dniéper qu'elles n'ont plus qu'à
descendre jusqu'à son embouchure dans la mer
Noire. Depuis longtemps déjà les Scandinaves se
portaient vers Byzance, puisque les Varègues (Va-
rangoï) qui ont si longtemps servi dans la garde
impériale étaient incontestablement recrutés en
Scandinavie. Les premiers y arrivèrent par voie de
mer. Mais, de la Scandinavie aux Dardanelles, par
l'Océan Atlantique et la Méditerranée, la route est
longue et dangereuse; par les fleuves de la Russie
et les portages, au contraire, l'itinéraire est court et
la route sûre, parce que les riverains en sont pacifi-
ques et affaiblis par l'absence de toute organisation,
soit politique, soit religieuse. Aussi le mouvement
commercial abandonna-t-il de bonne heure la route
maritime, pour suivre la voie fluviale et on vit aussitôt s'élever tout le long de la route suivie par « les
rois des mers » subitement transformés en « rois des
fleuves, » des stations, à la fois marchés et citadelles,
qui se peuplèrent comme par enchantement, d'indigènes, groupés, disciplinés et soumis, par une poi-
gnée de commerçants et de soldats scandinaves. En
862, une tribu varègue, la *Rous* vient, appelée, dit-on,
par les Slaves, s'établir sous la conduite des trois
frères Rourik, Sinéous et Trouver, sur les rivages
du lac Ilmen, et devient presque aussitôt le centre
actif d'un groupement de tribus slaves autour de
Novgorod, capitale improvisée d'un empire qui
s'étend sur presque tout le bassin de la Baltique.
Trois ans plus tard, les deux frères Arcold et Dir
fondent un nouveau royaume sur le Dniéper
moyen, autour de Kiev, qui devient la « mère des
villes russes, » et qui est la vraie capitale de la
Russie durant la période normande, comme le sera

Moscou pendant la période asiatique et tsarienne,
comme le sera Pétersbourg pendant la période européenne (1). De Kiev ils fondent sur Byzance où ils
arrivent en 865. Les Byzantins épouvantés s'en-
fuient dans les églises; Photius adresse à son peuple
un grand discours sur la pénitence; la robe de la
sainte Vierge est solennellement portée en proces-
sion autour des murs de la ville et trempée dans la
mer. Survient un affreux orage, qui disperse ou brise
la flotte scandinave. Les Normands vaincus se retirent, mais pour revenir bientôt, plus audacieux et
plus forts, tenter l'assaut d'une ville où ils savent
que sont entassées les richesses du monde entier.
Leurs expéditions contre la cité impériale se mul-
tiplient; chaque fois ils sont repoussés. Mais chaque
fois aussi, ils ne se retirent que chargés de butin, et

(1) « Quel fut donc le rôle des Normands parmi les Slaves et
les Finnois ? Celui d'un levain généreux dans une pâte dor-
mante, celui d'un ferment acide dans une liqueur inerte. Ils
donnèrent la vie à ces masses somnolentes et dont toute l'acti-
vité s'usait sur elles-mêmes. Ils leur apprirent à conquérir, à
coloniser; de ces tribus éparses ils firent une nation. Leurs
premiers princes adoptèrent un système de succession qui, tout
en maintenant l'anarchie chère aux Slaves primitifs, obligeait la
Russie à agrandir sans cesse ses limites. Chacun des fils du
prince dut avoir un apanage, un domaine propre; il fut naturellement tenté de l'agrandir, parfois aux dépens de l'apanage
voisin; le plus souvent aux dépens des populations finnoises du
bassin du Don ou du Volga. Ainsi la terre russe s'étendit peu
à peu : au milieu du XIe siècle, elle occupait déjà le pays situé
entre les Carpathes d'une part et le Kama de l'autre, depuis la
mer Baltique jusqu'à la mer d'Azov. Cette force d'expansion,
elle la dut à la *Rous*, aux Vikings qu'elle lui amena, à leurs
hardis compagnons, et c'est avec justice que l'histoire a donné
le nom de cette tribu de marins à l'un des plus grands empires
du monde. » LÉGER, *Russes et Slaves*, 1890, p. 39.

encouragés à recommencer par quelque nouvelle concession arrachée à l'ennemi qu'ils serrent toujours de plus près. C'est ainsi qu'ils obtiennent le droit d'exercer le commerce, d'envoyer leurs négociants sur le Bosphore : « des tribus, des villes, des principicules traitent avec les Césars d'égal à égal. »

« Les Varègues étaient païens comme les Slaves et les Finnois quand ils arrivèrent dans leurs steppes; leur religion comme leur langue s'assimila à celle des vaincus : Thor — *cette vieille barbe rouge* — était identique au dieu slave Péroun, dont l'*idole à barbe d'or* s'élevait à Kiev ou à Novgorod. Les deux cultes païens se fondirent en un seul, et c'est à leur mélange qu'est peut-être dû le scepticisme qui caractérise la Russie primitive. Si les Scandinaves étaient venus deux siècles plus tard, à l'époque où ils avaient déjà embrassé la foi latine, ils l'auraient sans doute introduite avec eux, » et épargné par là même à la Slavie orientale le malheur d'être initiée à la foi chrétienne pas un peuple d'une orthodoxie chancelante et d'une civilisation décrépite. Leur paganisme en effet ne joua et ne pouvait jouer qu'un rôle purement négatif : il laissa par conséquent la carrière libre aux influences byzantines dont il nous reste à dire quelques mots.

5. *L'évangélisation byzantine.* — Il était bien difficile à Rome à l'époque qui nous occupe d'entreprendre sérieusement de convertir les Slaves du Dniéper; les relations entre le bassin de ce fleuve et les pays de langue latine étaient alors très difficiles; fort rares aussi étaient en ce temps-là les missionnaires latins au courant de la langue et des mœurs des Slaves. Pour Constantinople au contraire rien n'était plus aisé que de pousser activement

l'œuvre de l'évangélisation des royaumes de Kiev et
de Novgorod. Elle avait sous la main, à son service,
de nombreux représentants de la race conquérante;
elle avait autour d'elle une ceinture de peuples slaves, déjà chrétiens, et était en possession de toute une
littérature religieuse nationale. «Les Varègues, d'une
part, les Serbes et les Bulgares d'une autre, pou-
vaient en effet lui donner d'excellents missionnaires
très aptes à faire comprendre et goûter aux Normands ou aux Slaves, leurs compatriotes, le christianisme byzantin qui n'avait plus de secret pour
eux. De plus, entre Constantinople et la Russie kiévienne les rapports étaient quotidiens, la guerre et
le commerce mêlant constamment les deux peuples;
ajoutons que Byzance avait tout intérêt à convertir
les Slaves, et que ceux-ci, dans leur ensemble,
n'avaient contre la foi chrétienne, ni antipathie, ni
préjugés.

En Russie comme ailleurs la foi chrétienne débuta
modestement, et ses premières conquêtes furent
laborieuses. Jusque vers le milieu du X⁰ siècle, on
s'adressa de préférence aux humbles, et on obtint
sans bruit quelques conversions individuelles. Sous
le grand-duc Igor (945), une église chrétienne s'élevait à Kiev en face de l'idole de Péroun, et personne
ne songeait à persécuter ceux qui en suivaient les
rites. Olga veuve d'Igor baptisée sous le nom d'Hélène,
pendant une visite qu'elle fit à Tsagrad à l'empereur
Constantin Porphyrogénète (955), inaugura en Russie l'œuvre de la propagande chrétienne au sein de
la nation conquérante, jusqu'alors obstinément fer-
mée à l'action de l'Evangile. Cette propagande eut
peu de succès. Les farouches enfants d'Odin étaient
trop avides de sang, trop friands de pillage pour
prêter une oreille attentive aux avances pacifi-

ques d'une religion toute de justice et de charité.

« Quand un des guerriers du *Grand-Prince* voulait se convertir, dit Nestor, on ne l'en empêchait pas, mais on se moquait de lui. » Les efforts d'Olga auprès de son fils Sviatoslaf, qui, à sa majorité, avait pris le pouvoir, restèrent inutiles. Il ne voulait pas se donner un ridicule devant ses guerriers, en embrassant une religion étrangère. « Mes hommes se moqueraient de moi, » répondait-il aux supplications de sa mère, et souvent, Nestor le constate avec douleur, « il s'emportait contre elle. » Vainement Olga disait-elle que « s'il voulait se faire baptiser, tous ses sujets feraient bientôt de même. » L'opinion n'était pas encore assez bien préparée pour que l'exemple du prince eût une telle puissance. La chrétienne Olga, dont l'Eglise orthodoxe a fait une sainte « la première qui de la Russie soit montée au royaume céleste, » resta donc une exception, peu remarquée ou peu considérée, au milieu de l'aristocratie païenne. » RAMBAUD, 49.

6. *Conversion des Russes sous Vladimir (972-1016).* — L'année 938 marque une date célèbre entre toutes dans les annales de la Slavie orientale, la date de l'entrée en masse des Russes dans la famille chrétienne. Toute une grande race célèbre encore aujourd'hui l'anniversaire de cet événement mémorable avec un saint enthousiasme. En ce temps-là régnait à Kiev un prince normand, rusé, barbare et sensuel, au cœur troublé par les passions violentes, à l'âme travaillée par d'énergiques aspirations religieuses. Le vieux paganisme indigène l'attira sans le retenir. Dégoûté des vieilles croyances, il en voulut pour lui et pour les siens de nouvelles, de plus

nobles, de plus dignes d'un peuple dont il semblait déjà pressentir les hautes destinées. De vieux récits légendaires, dont Nestor s'est fait l'écho, nous le montrent alors envoyant par l'Europe des ambassadeurs à la recherche de la meilleure des religions. On entendit, on visita les musulmans, les juifs, les catholiques, représentés, les musulmans, par les Bulgares du Volga, les juifs, sans doute par les Khazars réputés juifs Karaïtes, les catholiques, par les Polonais et les Allemands. Vladimir ne voulait ni de l'islamisme qui prescrivait la circoncision et défendait « le vin qui fait la joie des Russes, » ni du judaïsme dont les sectateurs chassés de leur patrie, erraient dispersés par le monde, ni du catholicisme romain qui lui paraissait manquer de magnificence dans ses cérémonies. Au contraire les députés qu'il envoya à Constantinople revinrent émerveillés. Les splendeurs de Sainte-Sophie, l'éclat des vêtements sacerdotaux, la magnificence des cérémonies rehaussée par la présence de l'empereur et de toute sa cour, du patriarche et d'un nombreux clergé, l'encens, les chants religieux, avaient fortement agi sur l'imagination des barbares. Un dernier argument triompha des scrupules de Vladimir : « Si la religion grecque n'était pas la meilleure, lui dirent ses boïars, Olga, votre aïeule, la plus sage des mortelles, n'aurait pas songé à l'embrasser. »

« Le fier Vladimir n'entendait pas mendier le baptême chez les Grecs; il entendait le conquérir les armes à la main et le ravir comme une proie. Il descendit donc en Tauride et assiégea Chersonesos, la dernière ville qui, dans cette région, fût restée soumise aux empereurs. Un certain Anastase, peut-être par zèle religieux, lui livra sa patrie. Rendu plus orgueilleux par cette conquête si fameuse, Vladimir envoya déclarer aux empereurs grecs, Basile et Constantin, qu'il voulait épouser leur sœur Anne, et que sur leur refus, il marcherait sur Constantinople. Ce n'était pas la première fois que des barbares faisaient aux Césars grecs cette proposition, et Constantin Porphyrogénète enseigne même à ses successeurs le moyen d'écarter ces demandes inconvenantes. Cette fois les deux empereurs, qui se trouvaient aux prises avec des révoltes intérieures, crurent devoir consentir, à condition que Vladimir se ferait baptiser. Ce fut dans sa conquête que le prince russe reçut le baptême et qu'il célébra son mariage avec l'héritière des empereurs de Rome. Les prêtres qu'il emmenait à Kiev, c'étaient ses captifs; les reliques des saints dont il allait embellir et sanctifier sa capitale, c'était son butin. »

« Quand il revint à Kiev, ce fut en apôtre —*Isapostolos*—, mais en apôtre armé qu'il catéchisa son peuple. Les idoles furent renversées au milieu des pleurs et de l'épouvante des Russes. Péroun fut fouetté et précipité dans le fleuve. On montre encore sur le flanc des falaises kiéviennes la *Dégringolade du diable*, et plus loin, l'endroit où Péroun, porté par les eaux, échoua sur le rivage : là le peuple se remit à l'adorer, mais les soldats de Vladimir le rejetèrent dans les flots. Puis, sur l'ordre du prince, on vit les Kiéviens, hommes et femmes, maîtres ou esclaves, vieillards ou petits enfants, se plonger nus dans les ondes sacrées du fleuve païen, tandis que les prêtres grecs, debout avec Vladimir sur le rivage, lisaient sur eux les promesses du baptême. Après avoir beaucoup résisté, les Novgorodiens à leur tour furent obligés de précipiter Péroun dans les flots du Volkhof et de s'y plonger eux-mêmes. » RAMBAUD, 57-58 (1).

Nestor ne peut assez vanter l'amélioration qui s'opéra dans Vladimir après son baptême. Il se montra jusqu'à sa mort, époux fidèle, prince pacifique, apôtre surtout. Des évêchés furent par lui fondés à Kiev, à Novgorod, à Rostov, à Iaroslav, à Tchernigov, dont les premiers titulaires reçurent du patriarche de Constantinople, avec la consécration épiscopale, la mission d'organiser l'Eglise russe. Par ses soins furent ouvertes dans les villes épiscopales, des écoles ecclésiastiques dont les premiers maîtres furent des moines bulgares chargés d'enseigner aux jeunes russes l'alphabet de saint Cyrille et la littérature slavonne. L'Eglise russe reçut ainsi de ce prince la forme particulière qu'elle a gardée jusqu'à nos jours; elle fut dès sa naissance ce qu'elle est encore aujourd'hui, de foi byzantine et de langue slave.

7. *Erection de l'évêché de Kiev en Métropole sous Iaroslav-le-Grand (1035).* — Si, pour ses vices autant que pour ses vertus, Vladimir a pu être justement surnommé le Clovis des Russes, Iaroslav son fils, par les grandes œuvres qu'il a entreprises, ne semble pas trop indigne du surnom glorieux de Charlemagne des Slaves que quelques historiens se plaisent à lui donner. Ce prince en effet après avoir, par violence ou par ruse, réuni sous son sceptre toutes les provinces de la Slavie orientale s'efforça tout d'abord d'affermir l'Etat par des alliances de famille avec les cours européennes. Il maria

(1) « Les Russes, dit le cardinal Hergenrœther, furent amenés au baptême sans autre préparation. » III, 526.

sa sœur à Casimir roi de Pologne, ses trois filles, Elisabeth, à Harold le Brave roi de Norvège, Anne à Henri Ier roi de France, Anastasie à André Ier roi de Hongrie. L'un de ses fils épousa la fille de Constantin Monomaque. Son palais devint l'asile des princes proscrits, et son empire fut véritablement un Etat européen.

En même temps, il s'efforçait d'adoucir les mœurs du peuple par la promulgation de meilleures lois. « Le recueil du Charlemagne russe, dit Rambaud, c'est le recueil intitulé *Rousskaïa Pravda*, le *droit* ou la *vérité* russe. Cette législation rappelle singulièrement celle de la Scandinavie. Elle consacre les vengeances privées, poursuivies contre un assassin par les plus proches parents du mort ; elle détermine le tarif du rachat pour les différents crimes, ainsi que l'amende à verser au trésor du prince. D'autres documents prouvent que les Russes admettaient le duel judiciaire, l'épreuve par le fer rouge et l'eau bouillante, le serment corroboré par celui des *cojuratores*, le jugement par un jury assistant le délégué du prince. Leur droit criminel s'inspirait donc des mêmes principes que celui de l'ancienne Germanie ; ils ne connaissaient encore ni la peine de mort, ni les supplices raffinés, ni les châtiments corporels, ni la torture pour faire avouer les crimes, ni même la prison publique. La Russie avait alors presque les mêmes lois que l'Occident. »

Iaroslav tenta aussi de donner à l'Eglise plus de consistance en élevant l'évêché de Kiev à la dignité de métropole (1035). Kiev était au XIe siècle la capitale d'un grand empire, l'émule de Constantinople, au dire d'Adam de Brême, le rendez-vous des marchands de la Hollande, de la Hongrie, de l'Allemagne et de la Scandinavie. Il est de toute évidence que le jour où sérieusement et définitivement elle deviendra chrétienne, la « mère des villes russes » repoussera comme indigne d'elle le titre d'évêché, suffragant de Byzance, pour prendre, avec un titre plus solennel, une attitude plus indépendante.

Le titre, elle le réclama dès 1035. Théopemptos son quatrième évêque commença, en effet, à cette date, à exercer les droits des métropolitains ; l'indépendance, elle l'affirma peu de temps après ; car, Théopemptos étant mort, il s'éleva entre le patriarche et l'empereur, au sujet de son successeur une violente contestation qui fut cause que le siége de Kiev demeura vacant pendant quatre années. Finalement, en 1051, Iaroslav chargea les évêques de son royaume, de procéder, sans tenir compte des réclamations de Byzance, à l'élection et à la consécration du métropolitain. Le choix des évêques russes tomba naturellement sur un russe de naissance, cher à l'empereur, le moine Hilarion (1051-1072), le fondateur du célèbre monastère des Catacombes de Kiev, encore aujourd'hui un des sanctuaires les plus vénérés du monde slave, et le premier pèlerinage du monde chrétien si ce n'est du globe (1).

Plus encore que son père, Iaroslav fut un grand bâtisseur d'églises. Kiev devint sous lui la ville aux quatre cents temples qu'admiraient les écrivains d'Occident. Comme Charlemagne il créa des écoles. Vladimir avait fondé celle de Kiev ; Iaroslav institua celle de Novgorod pour trois cents jeunes gens. L'éducation du clergé attira aussi sa sollicitude ; il

(1) En 1886 le nombre des pèlerins qui l'ont visité aurait atteint le chiffre invraisemblable d'un million. — Annuellement, à l'Assomption, il est au moins de 50000.

fit venir de Constantinople des chantres grecs qu'il
chargea de compléter l'œuvre des moines bulgares
en initiant le clergé russe à tous les secrets artis-
tiques des liturgistes byzantins. Les arts eurent en
lui un protecteur généreux. Il n'eut jamais à son gré
assez d'architectes pour bâtir ses temples, assez de
peintres pour les orner de mosaïques, assez de
sculpteurs pour enchâsser dans l'or ou le marbre
les reliques des saints et les restes des grands.
Kiev dans sa pensée devait égaler, surpasser même,
en magnificence la vieille cité du Bosphore. Comme
Byzance, elle eut sa cathédrale de Sainte-Sophie et
sa Porte-d'or. Sa foi, toujours sincère, dégénérait
parfois en superstition naïve : on raconte qu'il fit
déterrer les ossements de ses oncles, morts sans
s'être convertis, pour leur faire administrer un baptême posthume. Iaroslav mourut en 1051 « et son
cercueil de pierre est un des plus précieux ornements de Sainte-Sophie de Kiev (1).

8. *Kiev et Rome.* — Les Slaves du Dniéper avaient
reçu de leurs premiers apôtres, avec le rite grec
et la langue slavonne, *la foi catholique :* les
disciples des saints Cyrille et Méthode, qui leur
enseignèrent la langue slavonne, et les prêtres de

. (1) La merveille de Kiev, c'est Sainte-Sophie : les mosaïques
de l'époque de Iaroslav subsistent encore, et l'on peut admirer
sur le « mur indestructible » la colossale image de la Mère de
Dieu, la cène où le Christ apparaît double présentant à six de
ses disciples son corps, et aux six autres son sang, les images
des saints et des docteurs, l'Ange de l'Annonciation et la Vierge.
Les fresques conservées ou soigneusement restaurées sont encore
nombreuses et couvrent de toutes parts les piliers, les murailles
et les voûtes à fond d'or. Toutes les inscriptions sont non pas
en langue slavonne, mais en grec. » RAMBAUD. 63-4.

Byzance, qui leur apportèrent le rite grec, ayant tous vécu en communion avec le siège de Rome, cela ne suffit-il pas pour qu'on puisse dire en toute vérité que l'Eglise gréco-slave de Kiev est née catholique? — Pendant les 152 ans qui s'écoulèrent depuis la mort de Photius (891) jusqu'à l'avènement de Michel Cérulaire (1043), les deux capitales du monde chrétien étant officiellement en paix, Kiev se mit sans méfiance à l'école des byzantins, et se laissa peu à peu envahir par les préjugés et les passions anticatholiques des maîtres fourbes et jaloux que lui envoyait le Patriarche. Ignorante comme elle l'était des choses occidentales, et condamnée à ne les connaître que défigurées par les déclamations écrites ou parlées des moines grecs, comment aurait-elle pu résister à l'entraînement, surtout lorsque les princes le favorisaient? Néanmoins, l'idée de la primauté romaine était si enracinée dans le cœur des Russes, qu'il fallut pour l'en arracher des efforts plus prolongés que partout ailleurs. Ainsi nous voyons, sous Léon IX, au moment de la rupture définitive des deux Eglises (1054) les légats du Saint-Siége chassés de Constantinople, trouver sur terre russe, asile et protection contre les menées criminelles de Michel Cérulaire, et sous Grégoire VII, le grand-duc Démétrius mettre son royaume sous la protection du Saint-Siége, et Grégoire VII (1073-1085) lui envoyer des légats et lui écrire une lettre que nous possédons encore. Un siècle plus tard, 1170, nous trouvons le métropolite Jean qui s'adresse au pape Alexandre III dans un litige et sollicite la décision pontificale au nom de tous les évêques russes. Plus tard encore, Alexandre, fils de Iaroslav II, après avoir battu les Suédois sur les bords de

la *nova* en 1211, rentra dans la communion de l'E-
glise romaine (1).

9. *L'anarchie princière et le morcellement de l'Eglise
russe.* (1054-1224) — « La période qui s'étend de
1054, année de la mort de Iaroslav, à 1224, année
de l'apparition des Tatars, ou, pour prendre notre
chronologie française, du règne d'Henri I⁰ à la
mort de Philippe-Auguste, est une des plus con-
fuses et des plus troublées de l'histoire de Russie.
Comme la coutume scandinave des partages con-
tinue à prévaloir sur l'idée byzantine de l'unité
politique, le territoire national est sans cesse
morcelé. L'anarchie princière de l'Europe orientale
fait le pendant de notre anarchie féodale en Occident. Monsieur Pogodine énumère, pour cette
période, 64 principautés qui eurent une existence
plus ou moins longue, 293 princes qui pendant
ces deux siècles se disputèrent Kiev ou les autres
domaines russes, 83 guerres civiles, dans quel-
ques-unes desquelles le pays tout entier se trouva
engagé. » RAMBAUD, 74.

Les révolutions politiques tournent bien rarement
à l'avantage de la société religieuse. L'Eglise russe
eut beaucoup à souffrir des agitations incessantes
qui troublèrent si profondément les Slaves du
Dniéper du XI⁰ au XIII⁰ siècle. Elle y perdit l'orthodoxie et l'unité — Kiev s'éloigna de plus en plus de
Rome et épousa toutes les rancunes de Byzance. Le
premier métropolite qui se déclara ouvertement

(1) « Toutes ces démarches, résultat d'une détresse momen-
tanée, ne modifièrent cependant pas essentiellement la subordi-
nation ecclésiastique de la Russie à Byzance. » HERGENROETHER,
III, 527.

schismatique fut Nicéphore (1104-1121). Ses successeurs immédiats, sacrés comme lui pour la plupart
à Constantinople, furent comme lui, partisans avoués
du schisme. Ses suffragants soutenus par leurs
princes respectifs, ne tardèrent pas à se soustraire
à son autorité, et bientôt la Kiévie, compta autant
d'Eglises autocéphales que de principautés indépen-
dantes. Le premier à secouer le joug fut l'évêque
de Novgorod. « Dans le reste de la Russie, dit
Rambaud, le clergé est russe orthodoxe. A Novgorod il est novgorodien avant tout. C'est au XII° siècle
seulement que les novgorodiens purent avoir un
archevêque sorti, non de la Grèce ou de la Russie
Kiévienne, mais de leur propre race. Dès lors
l'archevêque de Novgorod est élu par les citoyens,
par la *vetché* (milice municipale) : sans attendre
l'investiture du métropolitain de Kiev, on installe
le nouvel élu dans son palais archiépiscopal. Il est
un des grands personnages, le premier en dignité,
de la République. Dans les actes publics, son nom
est cité avant tous les autres : « Bénédiction de la
part de l'Archevêque Moïse, dit une lettre patente,
salut du Possadnik Daniel et du Tysatski Abraham. »
Sur le prince il a cette supériorité d'être un enfant
du pays, tandis que le descendant de Rourik est un
étranger. En revanche, les revenus du prélat, le
trésor de Sainte-Sophie sont au service de la République. Au XIV° siècle, nous voyons deux archevêques élever, à leurs frais, l'un des tours, l'autre
un kremlin de pierre. Au XV° siècle les richesses
de la cathédrale sont employées au rachat des pri-
sonniers russes enlevés par les Lithuaniens. C'est
une Eglise essentiellement nationale que celle de
Novgorod : les ecclésiastiques se mêlent des affaires
temporelles, et les laïques des affaires spirituelles.

Au XIV° siècle, la *vetché* fait mettre à mort les hérétiques strigolniks, proscrit d'anciennes superstitions, fait brûler des sorciers. Comme elle élevait l'archevêque, elle pouvait le déposer. Avec la colonisation novgorodienne, s'étendait parmi les tribus païennes la propagande orthodoxe : vis-à-vis des Finnois l'Eglise et la République avaient des intérêts identiques. C'était la religion qui contribuait à la splendeur de la cité et qui profitait surtout de ses richesses. Novgorod était pleine d'églises et de monastères fondés par la piété des particuliers. Novgorod qui s'était affranchie de la suprématie politique de Kiev, aurait voulu secouer aussi sa suprématie religieuse, se dispenser de chercher sur le Dniéper l'investiture de son archevêque, faire de celui-ci un métropolite indépendant. Elle n'y réussit pas. Quand Moscou commença à grandir, ce n'était pas seulement l'indépendance politique, mais l'indépendance spirituelle de Novgorod qu'elle menaça. La religion était dans la main des princes moscovites un instrument de règne. Le prélat novgorodien fit toujours cause commune avec ses concitoyens et partagea avec eux les éclats de la colère du maître. » 113-114,

CHAPITRE II.

PATRIARCAT DE MOSCOU.

Sommaire : Les Grands-Russiens ou Véliko-Russes. — Avant l'invasion mongole. — Le joug mongol ou Tatarchtchina. — Les Grands-Princes moscovites. — Les Métropolitains de Moscou. — Moscou et Byzance. — Moscou et Rome. — Abolition du Patriarcat. — Le règlement ecclésiastique de Pierre-le-Grand. — Orthodoxes et Raskolniks.

1. *Les Grands-Russiens.* — Les Grands-Russiens ou Véliko-Russes forment, à eux seuls, plus de la moitié des habitants de l'Empire des Tsars. De la Russie centrale — leur véritable patrie — ils ont puissamment rayonné par la colonisation et la conquête : au nord, jusqu'aux rivages glacés de l'Océan Arctique ; à l'ouest, jusqu'à la Baltique, à la Vistule et aux Carpathes, occupant à peu près seuls le bassin de la Néva, et formant partout ailleurs, dans les provinces Baltiques, en Lithuanie, en Pologne, en Blanche-Russie, en Petite-Russie, des colonies nombreuses et prospères ; au sud, jusqu'à la mer Noire, à travers les provinces par eux défrichées de la Nouvelle-Russie, et jusqu'au Caucase par eux conquis et par eux colonisé, surtout à sa base septentrionale ; à l'est enfin, jusqu'au Pamir et à l'Océan Pacifique, remplissant d'abord tout le bassin du Volga, puis, s'élançant par delà l'Oural, à la conquête de la Sibérie, dont plusieurs provinces plus étendues que la France ont une population toute grande-russienne

Trois éléments ont concouru à la formation de la

race véliko-russe : l'élément *finnois*, représenté par les innombrables tribus qui occupaient au IX° siècle les plaines et les forêts de la Russie orientale ; l'élément *slave*, représenté par les multitudes d'immigrants que depuis le IX° siècle Kiev et Novgorod lancent à la conquête des pays finnois ; l'élément *scandinave*, représenté par les compagnons ou les descendants des *Vikings*, maîtres de Novgorod et de Kiev depuis le IX° siècle.

« A peine établis à Novgorod-la-Grande, dit M. Léger, les Normands s'installent à Rostov, au sud-est, dans les contrées, où plus tard s'élèvera Moscou. » « La Grande-Russie, dit M. Leroy-Baulieu, ne fut pas soumise par les Slaves de Kiev et de Novgorod à main armée : ce fut une longue et lente colonisation, comme une infiltration sourde et séculaire des Slaves, qui a cela de remarquable qu'elle a presque échappé aux annalistes, et que l'histoire en devine le début, sans en pouvoir fixer les phases. » D'une façon générale on peut dire que la race véliko-russe est finnoise surtout par ses qualités physiques, par le corps — car il est très certain qu'une part notable du sang qui coule dans ses veines est finnoise et asiatique ; slave surtout par ses qualités morales, par l'âme — puisqu'elle a reçu de Kiev et de Novgorod, ses traditions, sa langue et sa religion ; scandinave surtout par son organisation sociale et politique, — puisque le groupement des tribus anarchiques de la Slavie orientale en corps de nation, et la fixation au sol par les travaux de culture des pasteurs nomades du bassin du Volga, datent précisément de l'apparition, en ces divers pays, des compagnons du scandinave Rourik.

Le Grand-Russien, ou Moscovite, devenu après mille ans d'incessants efforts, le maître redouté de toute la Slavie orientale, dicte aujourd'hui des lois aux peuples qui furent ses aïeux : la colonie slave des bords du Volga, devenue l'Empire russe, a subjugué et réduit à l'état de province son antique métropole, la Russie kiévienne et novgorodienne, et ne vise à rien moins qu'à imposer à tous ses sujets, ses mœurs, sa langue et sa religion.

En religion, la Grande-Russie est tout entière chrétienne de rite grec, et de langue slavonne. Son histoire civile et ecclésiastique comprend cinq époques bien tranchées par quatre grands événements : l'invasion des Mongols, (1238); la division de l'Eglise russe entre les deux métropoles de Moscou et de Kiev (1410); l'établissement du patriarcat (1588); son abolition et son remplacement par le Synode (1719.) C'est la division adoptée par Mgr Philarète évêque de Kharkov, dans son histoire de l'Eglise russe.

2. Avant l'invasion mongole. — Du IXe au XIIIe siècle la race slave poursuivit simultanément et sans bruit dans le *Far-East* européen la conquête du sol par la mise en culture des steppes et des forêts, et la conquête des âmes par la prédication du christianisme. Les apôtres comme les colons viennent à cette époque de Novgorod et de Kiev. Chaque essaim d'immigrants qui sort de l'une de ces deux villes s'avance escorté de guerriers scandinaves et de moines byzantins. Malgré son infériorité relative — si on le compare à nos grandes figures ecclésiastiques du moyen âge — le clergé gréco-slave rendit à cette époque, spécialement à la Grande-Russie, d'admirables services.

Il conserva la foi des immigrants ; il convertit les indigènes. Grâce à lui, Slaves et Finnois mêlèrent si bien leur sang et leur âme, qu'ils ne formèrent bientôt plus qu'un seul peuple. Il donna aux nouveaux convertis l'exemple du travail et du patriotisme. « Les moines défrichèrent des régions inconnues et y attirèrent de florissantes colonies. » Toutes leurs conquêtes spirituelles furent aussi des conquêtes matérielles pour les princes, car, de tous les convertis, ils firent des Russes, et leurs couvents furent tour à tour, des fermes modèles, des marchés fameux, des camps retranchés, des lieux de pèlerinage (1). La Grande-Russie est en définitive une création du clergé gréco-slave. C'est de son Eglise nominalement soumise à Byzance et dépendante de Kiev qu'elle reçut à cette époque avec la foi chrétienne, la force morale et la cohésion qui lui permirent de traverser sans y succomber, la période la plus critique de son histoire, la période de la domination mongole ou tatare.

3. *Le joug mongol.* — Cette domination que les Russes appellent « le joug tatar, » *Tatarchtchina*, dura deux siècles et demi. Un quart de siècle suffit aux Mongols pour conquérir à la façon des pasteurs,

(1) Des 428 couvents dont s'honore la Russie orthodoxe, le premier en dignité est celui de Petcherski, à Kiev, où les premières annales du peuple russe furent rédigées par Nestor, mais le plus intéressant pour l'historien est celui de Troïtsa à 67 verstes de Moscou. Si Kiev a été le berceau de la Russie scandinave, « l'Empire des tsars » doit sa naissance à Moscou. Kiev et Petcherski sont la Petite-Russie, Moscou et Troïtsa sont la Russie. On pourrait dire que Troïtsa est le Saint-Denis du Nord ; le couvent russe a même collaboré plus énergiquement que le monastère français à l'œuvre de l'unité nationale. » RAMBAUD, *Les monastères de la Russie* dans la *Revue polit. et littéraire*, 30 août 1873.

toute la Sla·ie orientale; la victoire de la Kalka,
« le Crécy et le Poitiers de la chevalerie russe, » les
rendit maîtres absolus de la Russie méridionale
(1224); la prise et le pillage de Kiev fit passer sous
leurs lois la Russie centrale (1240); la soumission
de Novgorod au dénombrement et au tribut, leur
ouvrit la Russie septentrionale (1260.) La *Horde d'or*
qui s'étendait de l'Oural et de la Caspienne aux em-
bouchures du Danube, d'abord simple province de
l'immense empire des Grands-Khans, proclama son
indépendance en 1260, et connut avant de s'effondrer
définitivement au XVI° siècle sous les coups des
Moscovites, deux périodes de prospérité, la première au XIII° siècle sous Bety, (1255) le fondateur
de Saraï, « le Château », capitale du nouvel
Empire, sur un des bras du bas Volga, l'Aktouba; la
seconde au XIV° siècle sous le Khan Ousbek, qui sut
encore pour un temps réunir sous son sceptre toutes
les tribus, et rendre à son peuple avec l'unité la
puissance et la prospérité. Ousbek mort, la Horde
se démembra, les tribus s'isolèrent, l'Empire faiblit.

Les nouveaux maîtres de la Russie, purs nomades,
étaient aussi incapables de transformer socialement
les Russes sédentaires que de se laisser transformer
par eux. « La Horde ne toucha ni à l'organisation politique, ni à l'organisation religieuse du
pays vaincu : elle lui laissa ses princes et son
clergé. » Le nomade d'ordinaire vit de pâturage
et de pillage. Le Mongol, maître de la Russie,
exploita merveilleusement à ce double point de
vue les ressources de sa conquête. Les plaines du
centre et du sud offrent d'admirables pâturages; il
s'en empara. Les villes du Dniéper et de l'Ilmen re-
gorgeaient de richesses; il les pilla. Les terres fertiles de la Slavie orientale déjà entamées par la cul-

ture donnaient aux Russes de riches récoltes ; il en profita.

L'Eglise, à cette époque, loin de faiblir, s'affermit et se développe. Les Khans tatars la ménagent, l'honorent, la soutiennent. Un évêque orthodoxe put résider dans la capitale mongole à Saraï ; les clercs furent affranchis des charges effroyables qui pesaient sur la société laïque : défense fut faite à tout sujet du Khan de violer leurs franchises sous peine de mort ; le droit de justice fut formellement reconnu à l'Eglise ; les évêques purent utilement faire entendre à la Horde les plaintes ou les demandes des fidèles ; telle charte mongole (*iarlyk*) alla jusqu'à déclarer que les ecclésiastiques ne seraient pas responsables, s'ils tuaient sur leurs domaines un agent du Khan. En 1313, le Khan Ousbek, à la prière de Pierre, métropolite de Moscou, confirma tous les privilèges de l'Eglise et défendit de l'inquiéter dans ses biens, « car, disait le resorit, ces biens sont sacrés, puisqu'ils appartiennent à des hommes, dont les prières nous conservent la vie et fortifient notre armée. »

4. *Les Grands-Princes moscovites*. — Les Slaves du Volga reconnaissaient au moment de l'invasion mongole deux puissances : la puissance ecclésiastique des envoyés de Byzance et la puissance princière des descendants de Rourik. A l'époque et sous l'influence du « joug tatar » la première s'affermit, — nous avons dit dans quelle mesure ; — la seconde se transforma, — nous allons voir dans quel sens. « Durant la période kiévienne, le prince vivait entouré de ses *leudes*, des membres de sa droujina, qui jouissaient de nombreux privilèges, et d'accord avec lui

exploitaient la nation. » Les Tatars astreignirent tous les Russes, sans exception, princes, boïars et paysans, à payer un impôt par tête ou capitation qui pesait aussi lourdement sur les riches que sur les pauvres. Cette mesure n'allait à rien moins qu'à supprimer toutes les castes et à unifier la société russe. Le prince finit, nous l'avons déjà dit, par prendre, de gré ou de force, la responsabilité vis-à-vis du Khan, de la tranquillité publique, et de la perception des impôts, et devint par là même, aux yeux de ses sujets, le représentant officiel d'un souverain oriental, autocrate et absolu. Cette circonstance ne contribua pas médiocrement à développer dans la société slave l'idée de *l'autocratie*.

« Les premiers Tsars de Moscovie, dit M. Wallace, furent les descendants politiques, non des princes russes, mais des Khans tatars. »

5. *Les Métropolitains de Moscou.*— La situation des Grands-Princes moscovites était loin d'être brillante au commencement du XV° siècle. Les Lithuaniens qu'une suite d'entreprises militaires habilement conduites avaient rendus maîtres de tout le bassin du Dniéper aspiraient à soumettre à leur domination tous les Russes sans exception, et, maîtres de Kief depuis près d'un siècle, marchaient résolument sur Moscou ; les Mongols de leur côté, bien qu'affaiblis dans leurs récentes défaites dans les guerres malheureuses qu'ils avaient soutenues contre les Lithuaniens, tenaient toujours bon dans le bassin du Volga, et continuaient à terroriser la Grande-Russie. Prise comme dans un étau entre la Lithuanie triomphante et la Horde exaspérée, la Moscovie semblait destinée à périr. Le salut lui vint à cette époque en grande partie de l'Eglise. Le chef de l'Eglise russe, le métropolitain de Kiev, résidant depuis 1349 tantôt

à Wladimir, tantôt à Moscou, se montra presque constamment l'allié fidèle du Grand-Prince. Grands-Princes et Métropolitains avaient, à cette époque, deux ennemis communs, les Mongols passés à l'Islamisme depuis 1272, et les Lithuaniens, encore païens, bien qu'alliés à la Pologne catholique depuis 1386.

L'entente était fatale ; elle fut féconde. Soutenus énergiquement par le concours dévoué d'un clergé ardemment patriote, les chefs politiques de la Moscovie du XV° siècle, à qui leurs exploits ont souvent mérité le surnom de « terribles » et leurs triomphes celui de « rassembleurs de la terre russe, » parvinrent, au prix d'héroïques et constants efforts, à exterminer la puissance mongole — ce fut l'œuvre surtout d'Ivan-le-Grand (1462-1505), et à refouler, après l'avoir longtemps contenue, la puissance lithuanienne. De ce côté surtout le danger était grand ; la Lithuanie opposait métropolitain à métropolitain, comme elle opposait grand-prince à grand-prince. Depuis 1410, Kiev avait un chef religieux rival de celui de Moscou, et derrière la Lithuanie se dressait menaçante la catholique Pologne. La lutte fut longue et terrible. Nous n'avons pas à la décrire ici.

L'Eglise russe au XVI° siècle, comptait une métropole, Moscou ; six archevêchés : Novgorod, Rostov, Smolensk, Kazan, Pskov et Vologda, et six évêchés : Riazan, Tver, Kolomenskoë, Wladimir, Sousdal et Kritski. La juridiction du métropolitain s'étendait à tous les sujets du Tzar ; les diocèses étaient immenses ; leurs titulaires toujours choisis parmi le clergé noir étaient aussi dépendants du grand-prince que les évêques de Byzance l'avaient été de l'empereur. « Il n'en coûtait que quelques formalités, pour faire ou défaire un prélat. »

6. Moscou et Byzance. — Le Patriarcat (1588).

L'Eglise moscovite fille de l'Eglise kiévienne, n'eut jamais avec Byzance que des attaches faciles à rompre : l'exemple de sa mère si souvent indocile aux ordres du patriarche byzantin était venu de bonne heure encourager son esprit d'indépendance ; l'invasion mongole avait longtemps interrompu toute communication entre la Grande-Russie et l'empire grec ; la longue rivalité des deux métropolitains de Moscou et de Kiev, aux XIV° et XV° siècles, avait relégué au second plan aux yeux des Moscovites l'autorité du patriarche ; enfin la prise de Constantinople par les Turcs (1453) avait singulièrement amoindri le prestige du chef de l'Eglise grecque. A la fin du XVI° siècle la dépendance de Moscou par rapport à Byzance était purement nominale.

Du moment qu'elle avait un tsar, Moscou devait avoir un patriarche. Ivan IV le Terrible, (1531-1584) spoliateur et persécuteur féroce, se fit sacrer tsar par son métropolitain Macaire (1547), et le patriarche byzantin Joasaph II l'approuva. Fédor Ivanovitch (1584-1598), précisément parce qu'il était tsar, voulut avoir un patriarche, et le jour même de son sacre il dit au métropolitain de Moscou, après lui avoir remis officiellement tous les insignes de la dignité pratriarcale : « Très saint père, très digne patriarche, premier évêque et patriarche de toutes les Russies, de Wladimir, de Moscou, etc., je t'ordonne d'avoir, et je te fais savoir que tu as la prééminence sur tous les évêques ; qu'à l'avenir tu dois porter l'habit de patriarche ; et que dans tout mon royaume tu dois être honoré comme patriarche. » Jérémie II qui occupait alors le siège de Constantinople avait de grands besoins et peu de ressources. Le Tsar Fédor lui fit quelques présents et le patriarcat de Moscou fut reconnu. Les autres patriarches orientaux ratifièrent à leur tour l'érection du nouveau siège et décidèrent que son titulaire prendrait rang après celui de Jérusalem. En 1591 un synode de Constantinople, non content de sanctionner cette innovation, prescrivit des prières dans toutes les églises pour les tsars, empereurs très orthodoxes. Peu après le siège patriarcal de Moscou, passant du 5ᵉ au 3ᵉ rang, prenait place immédiatement après Alexandrie, avant Antioche et Jérusalem. Il va sans dire que les métropolitains de Russie durent s'incliner devant leur nouveau supérieur hiérarchique. L'antique église de Kiev elle-même transporta à sa jeune sœur de Moscou l'obéissance qu'elle avait jusqu'alors rendue à l'Eglise de Constantinople (1685).

7. *Moscou et Rome.* — Vis-à-vis de Rome Moscou n'a guère connu d'autres sentiments que ceux de la défiance et de la haine. Le nom de cette ville apparaît pour la première fois dans les chroniques à la date de 1147, juste au moment où la Kiévie d'où lui viendront ses premiers apôtres, par l'organe du métropolite Nicéphore, adhère officiellement au schisme de Byzance; elle est donc née schismatique. En 1237 elle est brûlée par les Tatars; onze ans plus tard elle est prise par les Lithuaniens (1248). Dès les premières années du XIVᵉ siècle elle est la capitale d'une principauté indépendante. Du XIVᵉ au XVIIᵉ siècle Moscou grandit; après, elle décline. Son éloignement pour Rome, loin de diminuer s'accentue toujours. Du temps de la domination mongole c'est l'*indifférence* et l'oubli : la Moscovie séparée de l'Occident européen n'est plus qu'une dépendance politique de l'Asie. Du temps des grandes luttes

contre les Lithuaniens et les Polonais, c'est l'*animo-sité* : Rome est censée faire cause commune avec l'Etat polono-lithuanien, l'ennemi héréditaire de la Moscovie. Depuis la ruine de Constantinople, c'est une *rivalité jalouse* : Moscou remplace Byzance, et le chef de l'Eglise russe épouse plus que jamais vis-à-vis de Rome les ressentiments du chef de l'Eglise grecque dont il se croit l'héritier.

Les Souverains Pontifes firent à plusieurs reprises, pour ramener les Moscovites dans les voies de l'obéissance, des efforts généreux. Alexandre IV donna à l'évêque de Lesbos juridiction sur tous les latins de Russie (1657). Jean XXII chercha à introduire dans la Russie méridionale l'usage de la liturgie latine (1320-1322). Clément VI approuva la croisade entreprise par Magnus roi de Suède, contre les Russes de Novgorod, parce que ceux-ci traitaient en païens leurs sujets ou leurs voisins catholiques.

Les Grands-Princes étaient hostiles à toute idée de rapprochement avec Rome. Isidore, métropolitain de Kiev, ayant essayé de promulguer à Moscou les décrets du concile de Florence (1439), fut, pour ce seul fait, par ordre du Grand-Prince, dépouillé de ses ornements et enfermé dans un monastère. Des relations assez suivies s'établirent, cependant, à la fin du XV° siècle, entre les pontifes de Rome et les Princes de Moscou. Léon X, Adrien VI et Clément VII reçurent avec honneur les ambassadeurs du Grand-Prince. Les Moscovites avaient besoin du pape, étant alors au fort de leur lutte contre les Polonais. C'est dire que leurs démarches étaient inspirées plus par la politique que par la religion. Sous Ivan IV, à la suite d'une lettre de ce prince, Grégoire XIII envoya à la cour de Moscou le jésuite Possevin, chargé d'une mission extraordinaire à la fois politique et religieuse (1580). Féodor Ivanovitch (1584-1598) dominé par son beau-frère Boris Godounof qui lui succéda après s'être débarrassé par un assassinat du dernier rejeton de la famille de saint Vladimir, Dmitri second fils d'Ivan, fut un « orthodoxe » fervent. Boris (1598-1605) fut le véritable organisateur du patriarcat de Moscou. Des deux imposteurs qui à sa mort essayèrent de monter sur le trône en se faisant passer pour Dmitri, le premier, qui régna à peine un an (1605-1606), obtint l'appui des Polonais et du clergé catholique ; le second sollicita celui des orthodoxes. Quand finit le « temps des troubles » à l'avènement de Michel Romanof (1613), Moscou obéissait aux Polonais et Novgorod aux Suédois. Alexis Mikhaïlovitch (1645-1676) reprit sur les Polonais la Petite-Russie et soumit les Cosaques. Il ne fut plus question d'union avec Rome. Déjà sous le patriarche Philarète, (1619-1633) père de Michel Romanof, la cour de France s'était vu refuser l'autorisation de construire une chapelle catholique à Moscou, et par l'organe de son chef, l'Eglise orthodoxe avait contesté la validité du baptême latin, en ordonnant de rebaptiser par immersion les chrétiens de ce rite qui demanderaient à entrer dans l'Eglise russe. La tentative du patriarche Nicon, sous Alexis, n'était pas faite non plus pour ménager un rapprochement avec l'Eglise romaine.

8. *Abolition du Patriarcat.* Le malheur avait fait deux *alliés* du tsar et du patriarche, et tant qu'il ne s'était agi que de défendre contre de puissants ennemis la patrie et la religion moscovite, leur entente avait été constante et cordiale ; la fortune en fit deux *rivaux ;* d'accord en effet tant qu'il s'agit de vaincre, ils se divisèrent dès qu'il fut question de

partager le fruit de leur commune victoire. Le patriarche avait eu à peine moins de part que le tsar aux conquêtes de la seconde moitié du XVII° siècle ; car c'est surtout au nom de l'«orthodoxie» que les Moscovites reprirent à cette époque aux Polonais, la Petite-Russie (1667) et aux Cosaques, l'Ukraine (1688). Ayant été à la peine, il voulut être à l'honneur et au profit, et souvent, trop souvent aux yeux du tsar, il obtint l'un et l'autre. Par la force même des choses, le chef religieux d'un peuple «orthodoxe» devenait pour le chef politique de ce même peuple, un rival redoutable. Le tsar ne pouvait manquer de prendre ombrage du crédit du patriarche à qui la nation reconnaissante donnait presque toujours et la première place et la meilleure part. La lutte était pour ainsi dire inévitable. Elle éclata de bonne heure, dura fort longtemps, et se termina en 1721 par la ruine définitive de l'autorité des patriarches et le triomphe complet de l'absolutisme des tsars.

La déposition imméritée du patriarche Nikon, prononcée à Moscou même (1664) sous les yeux du tsar Alexis, par les évêques russes et les patriarches orientaux, porta à l'autorité du patriarcat moscovite un coup terrible, dont elle ne se releva plus. Les successeurs du malheureux mais noble Nikon — la plus grande figure de l'Eglise russe — Joachim et Adrien, ne déployèrent quelque énergie que dans les manifestations de leur haine contre l'Eglise catholique.

Sur ces entrefaites, Pierre le Grand (1689-1725) montait sur le trône. Dire quelles étaient au fond les idées religieuses de Pierre Ier est chose difficile et embarrassante. Très jeune, il s'était fait initier à la loge maçonnique fondée à Moscou par Lefort ; en beaucoup de circonstances, les protestants eurent en lui un ami et un protecteur; et il est très probable, pour ne pas dire certain, que le principal sinon l'unique motif qui le fit songer à une réconciliation avec Rome fut l'espoir des alliances que cette réconciliation lui permettrait de contracter avec les maisons d'Autriche et de France.

Quoi qu'il en soit de ses convictions personnelles, il est certain que Pierre Ier, pour des raisons purement politiques, n'aimait pas le clergé russe, adversaire naturel de ses réformes. Aussi le but principal de sa politique intérieure fut-il d'amoindrir son influence, et de l'asservir à son autorité. L'abolition du patriarcat fut décidée en principe, dès le premier jour. L'entreprise n'était pas facile. Il ne s'agissait de rien moins que de bouleverser de fond en comble l'organisation religieuse d'un peuple qui venait de se mutiner parce qu'un patriarche, jusqu'alors vénéré de tous, avait osé toucher à ses livres, pour en faire disparaître les fautes grossières qui les défiguraient. Aussi procéda-t-il avec une prudente lenteur l'exécution de ses desseins. Joachim étant mort (mars 1590) peu de mois après la révolution qui arracha le pouvoir à la prince se Sophie, le nouveau tsar désigna pour lui succéder, Adrien qui se montra médiocrement sympathique à ses réformes, mais lui causa d'ailleurs peu d'embarras. A sa mort, arrivée en octobre 1700, Pierre, sans lui donner de successeur, confia l'administration de l'Eglise russe, d'abord au métropolite de Sary, puis à celui de Rézan (1702), leur défendant de prendre aucune décision de quelque importance, sans avoir pris l'avis des évêques présents dans la capitale et sans en avoir préalablement référé à lui-même. Cet état provisoire dura près de vingt ans pendant les-

quels le tsar traita son Eglise comme il traitait son
peuple et son armée, en maître ab-olu, lui imposant
de force une organisation allemande, réformant les
monastères, imposant les biens d'Eglise, modifiant
l'administration diocésaine, nommant, déplaçant, dé-
posant à son gré les évêques et les métropolitains.
Le 25 janvier 1721 parut l'ukase instituant le Saint-
Synode. Virtuellement le patriarcat était depuis
longtemps aboli. Depuis vingt ans la Russie n'en
connaissait que l'ombre.

9. *Le Règlement ecclésiastique de Pierre le Grand
(1721)*. C'est dans le *Statut* ou *Règlement ecclésiastique*, véritable code de l'Eglise russe publié à Saint-
Pétersbourg en 1721 et encore en vigueur aujourd'hui
dans ses principales dispositions, qu'il faut étudier
l'innovation ou, pour parler plus exactement, la révolution religieuse inaugurée en Russie par la création du *Saint-Synode*.

Ce règlement inspiré par Pierre, et rédigé en
russe par Prokopovitch se divise en trois parties.
La première dit ce qu'est le Synode et donne les
motifs de son établissement. Pierre sent le besoin de
justifier sa sacrilège entreprise : à l'en croire, d'innombrables et graves raisons rendaient le changement qu'il vient de faire dans l'Eglise russe, non
seulement désirable, mais nécessaire. Deux surtout
l'ont frappé : le gouvernement de plusieurs, dit-il,
vaut mieux que celui d'un seul ; et puis, si l'Eglise
avait un seul chef, il serait malaisé au pouvoir de
la tenir dans sa main. — La seconde partie fait connaître les affaires soumises à cette administration. Il
s'en trouve de deux catégories : les unes *générales*, le
synode examinera 1° si tout se passe régulièrement
et conformément à la loi chrétienne, et si rien ne se
commet de contraire à cette loi; 2° si l'instruction

donnée au peuple chrétien est suffisante; les autres *spéciales* se rapportant à cinq états particuliers que le règlement énumère dans l'ordre suivant : 1° les évêques ; 2° les prêtres, les diacres et le reste du clergé ; 3° les moines ; 4° les établissements d'instruction, les maîtres et les élèves qui s'y trouvent et aussi les prédicateurs; 5° les personnes du monde en tant qu'elles sont atteintes par la discipline ecclésiastique. — La troisième partie du statut décrit les devoirs, le mode d'action et le pouvoir des membres du gouvernement ecclésiastique ou Synode.

Le Statut est l'œuvre d'un despote perfide et brutal. L'auteur ira, s'il le faut, jusqu'à prescrire aux prêtres confesseurs la délation ; il aura l'air d'insulter à la chasteté des vierges, et ne cachera ni son dessein d'interdire aux religieux l'usage de la plume, ni son désir de transformer les pasteurs en agents de police. Pas un mot de piété dans une œuvre essentiellement religieuse; pas une parole qui respire l'amour de Dieu ou du prochain. Tout y est dur, cassant, impitoyable. C'est un maître qui parle, sans respect pour ceux à qui il s'adresse, et même avec l'intention manifeste de les humilier.

10. *Orthodoxes et Raskolniks.* — Intimidé par les menaces de Pierre ou gagné par ses promesses, le *clergé* « orthodoxe » baissa la tête, et se résigna à recevoir le joug qu'il porte encore aujourd'hui. En Russie, l'épiscopat privé de son chef traditionnel le patriarche, et trahi par l'ambitieux Prokopovitch était incapable d'opposer aux désirs du souverain une résistance sérieuse ; hors de Russie, dans tout le monde « orthodoxe », nul n'était assez hardi ou assez fort pour entreprendre de défendre l'Eglise moscovite contre les brutalités de son dur et audacieux souverain. Le patriarche de Constantinople, Jérémie III, qui avait

besoin de la protection du tzar, approuva tout ce qui avait été fait (1723); et les successeurs de Pierre, Catherine 1re, sa femme (1725-1727), Pierre II (1727-1730), Anne (1730-1740), Elisabeth (1741-1762) n'eurent plus qu'à river les chaînes qu'il avait forgé de ses mains puissantes, et que sous ses yeux Prokopovitch avait appliquées à l'Eglise officielle. La spoliation s'ajoutant sous Catherine II (1762-1780) aux humiliations précédentes, le peu de crédit que gardait encore cette malheureuse Eglise, alla baissant de jour en jour, et on la vit s'enfoncer, de plus en plus, dans l'ignorance et le servilisme.

CHAPITRE III.

Le tsar maître de son Eglise sans en être le chef. — Le Saint Synode : ses membres, ses attributions, le Procureur. — Les Evéques et les grades épiscopaux. — Le clergé blanc : mariage et hérédité, popes des villes et popes des campagnes. — Le clergé noir. — Popes et moines : rivalité et divisions ; les causes, le remède.

1. *Le tsar maître de son Eglise sans en être le chef.* — L'Occident chrétien se représente l'empereur comme le chef religieux de son peuple, et volontiers le considère comme une sorte de pape national, revêtu de la double autorité spirituelle et temporelle, pleinement empereur et presque pontife. Contre une telle manière de voir et de dire la Russie proteste. Qui se trompe ? qui a raison ?

Tant que le dogme seul est en cause, le tsar, nous dit-on, reste l'égal du plus obscur des chrétiens ; son seul droit est d'être instruit par l'Eglise, et son seul devoir est de croire. S'agit-il des exigences de la discipline religieuse ou des pratiques de la vie chrétienne, comme le plus humble de ses sujets il doit se soumettre, d'autant plus tenu à l'obéissance qu'il se sait plus observé et plus influent.

Il n'y a qu'un chef de l'Eglise, Jésus-Christ, et qu'une autorité souveraine pour parler au nom de Jésus-Christ, les conciles œcuméniques. Le pouvoir politique, étant extérieur à l'Eglise, celui qui le détient reste nécessairement étranger à la hiérarchie. S'il intervient dans les affaires religieuses, ce n'est qu'à titre de protecteur. Evêque du dehors, frère des empereurs d'Orient et d'Occident, l'égal des rois très chrétiens, tel est le tzar. Ainsi raisonne l'Orthodoxie.

Et les faits lui donnent en partie raison. Il est en effet de toute évidence que sur le terrain religieux, l'autorité du tsar ne saurait avoir ni l'efficacité ni l'étendue dont elle jouit sur le terrain politique et social. Ici elle est pleine, indépendante, absolue ; là elle est limitée, contenue, embarrassée : limitée par la foi populaire d'autant plus susceptible qu'elle est plus obscure, hostile par instinct à tout changement, et toujours prête à traiter d'attentat sacrilège même les améliorations les plus nécessaires ; contenue par la tradition et les saints canons dont l'Eglise orthodoxe s'est constituée la gardienne vigilante et jalouse; embarrassée par l'exemple des autres peuples orthodoxes, avec lesquels l'empire, soucieux de les « protéger » tient à rester en communion.

En réalité les tsars ont peu entrepris sur le dogme, et les Russes ont gardé la foi des anciens jours. Mais que d'attentats contre le droit constitutionnel, que de violentes ingérences dans l'administration de l'Eglise orthodoxe. Que d'ukases, depuis les fameux règlements ecclésiastiques de Pierre le Grand, sont venus modifier, entraver, supprimer le fonctionnement régulier des institutions les plus vénérables, celle des métropolitains, par exemple ! Que de vexations sous prétexte de surveillance ! Sans doute les souverains, sauf peut-être Paul Ier dans une heure d'allucination, n'ont jamais aspiré à jouer le rôle de Pontife suprême, mais tous ont cherché à accaparer le gouvernement effectif de l'Eglise et des ecclésiastiques. Adminis-

trativement parlant, l'empereur peut ,tout. La suprématie de l'Etat s'étend aux personnes, aux dignités et aux bénéfices. Le tsar n'est pas le chef de son
Eglise, c'est vrai, mais il en est le maître ; il ne
gouverne pas les consciences, c'est encore vrai, mais
ceux qui les gouvernent sont, ses créatures. Il
laisse à l'Eglise ses dogmes et ses préceptes ; il prend
pour lui les biens et les personnes, disposant de tous
et de tout, sans contrôle, en maître absolu, tantôt
directement et tantôt par l'organe du Saint Synode.

2. *Le Saint Synode.* — Le Saint Synode, ou, avec
son titre complet, « le Très Saint Synode dirigeant, »
qui se donne comme un concile en permanence n'est
qu'un conseil d'administration entièrement dépen-
dant du souverain qui l'a établi et assimilable aux
consistoires des Eglises protestantes auxquelles du
reste il a été emprunté. Dans la pensée première de
son fondateur le Synode devait se composer d'un
président évêque, de deux vice-présidents également
évêques, de quatre conseillers et de quatre assesseurs
pris dans le clergé du second ordre régulier et séculier. Mais l'intérêt ou le caprice ont amené Pierre et
ses successeurs à modifier plusieurs fois la constitu-
tion primitive. Peu à peu on a supprimé le président,
les vice-présidents et les clercs inférieurs à l'exception de quelques rares archimandrites et de deux
ou trois prêtres séculiers.

L'usage assure une place au Saint Synode aux
métropolitains des trois capitales successives, Kiev,
Moscou et Saint-Pétersbourg, ainsi qu'à l'exarque
de Géorgie. Le choix du souverain appelle à siéger
à côté d'eux, mais pour un temps seulement, quatre
ou cinq autres archevêques ou évêques ou archimandrites. Les titulaires déjà pourvus d'un évêché,

obligés à se partager entre l'administration de leur
diocèse et les fonctions synodales, ne siègent au
Synode qu'à tour de rôle, chacun durant six mois de
l'année, sauf le cas d'une question grave qui néces-
siterait une réunion plénière. Le clergé marié est
représenté par deux simples prêtres dont l'un est
d'ordinaire l'aumônier de l'empereur et en même
temps son confesseur, et l'autre l'aumônier en chef
des troupes de terre et de mer.

Tous prêtent à l'empereur un serment spécial de
fidélité, et il n'en est aucun d'absolument inamo-
vible. Les évêques, qui auraient cessé de plaire,
pourraient recevoir l'ordre de rentrer dans leur
diocèse; les prêtres seraient purement et simple-
ment destitués; et il ne serait pas impossible, le
cas échéant, de transférer à un autre siège même le
métropolitain de Saint-Pétersbourg ou de l'inviter à
se reposer.

Près du Synode est un délégué du « Maître », inva-
riablement un laïque et le plus souvent un soldat,
l'*Ober procouror* ou procureur général, dont la fonction est de veiller à ce que toutes les affaires ecclésiastiques soient traitées conformément aux ukazes
impériaux.

La Russie n'a pas de ministère des cultes. Les
religions dissidentes dépendent du ministère de l'in-
térieur; l'orthodoxie s'administre par le Synode sous
le contrôle de son procureur, véritable ministre du
culte national et qui a d'ailleurs sa place au comité des
vrais ministres d'Etat. Intermédiaire entre l'empereur et le Saint Synode, « œil du tsar, » disait déjà
Pierre le Grand, toute la communication de l'un à
l'autre passe par lui. « Rien dans le conseil dirigeant
ne se fait sans la participation du procureur; c'est
lui qui propose et expédie les affaires, lui qui fait

exécuter les mesures prises. Aucun acte synodal n'est valable sans sa confirmation; il a un droit de *veto* dans le cas où les décisions de l'assemblée seraient contraires aux lois. Chaque année il présente à l'empereur un rapport sur la situation générale de l'Eglise, sur l'état du clergé et de l'orthodoxie dans l'empire et parfois au dehors (1). »

D'une façon générale, le Synode a la haute direction de l'Eglise russe : il veille à la pureté de la foi et à l'instruction religieuse du peuple ; il s'occupe de la vie et de l'éducation du clergé ; il a la censure spirituelle, c'est-à-dire l'examen de tous les écrits qui ont pour auteur un ecclésiastique ou qui s'occupent de religion ; enfin il constitue le tribunal suprême où sont tranchées en dernier ressort toutes les affaires ecclésiastiques.

Et Dieu sait si le nombre en est grand ! L'usage a prévalu d'en faire deux parts : d'un côté celles qui intéressent plus directement la justice et la censure, plutôt attribuées au Synode, de l'autre, celles qui ont surtout rapport aux écoles et aux finances, réservées pour l'ordinaire au procureur. Comme toutes les affaires ecclésiastiques, en Russie, se traitent par écrit et par correspondance, et que rien ne s'y décide sans rapport et sans pièces à l'appui, le procureur aussi bien que le Synode ont chacun une administration, des bureaux et des dossiers de toute sorte.

« C'est la principale originalité et non la moindre plaie de l'Eglise russe. » Il est évident qu'un conseil qui ne siège tout au plus que deux fois par semaine ne peut pas délibérer sur toutes les affaires qui lui

____

(1) ELISÉE RÉCLUS et G. LEROY-BEAULIEU.

arrivent de toutes les parties de l'immense empire des tsars. Un millier à peine sur les dix mille et plus qui lui sont annuellement soumises sont l'objet de sa part d'un examen quelconque. Pour tout le reste, décision et rapport sont abandonnés aux bureaux. Ceux-ci sont remplis de laïques presque tous fils de pope n'ayant pas pu ou n'ayant pas voulu faire partie du clergé ; exécuteurs dociles des volontés du procureur. L'élément laïque obtient ainsi dans l'administration une influence démesurée, d'autant plus décisive que la composition du Synode est plus variable et qu'un nombre moindre de ses membres sont au courant des détails de la jurisprudence ecclésiastique.

3. *Les Evêques et les grades épiscopaux.* — Comme toutes les Eglises orientales, l'Eglise russe a deux clergés distincts : un clergé séculier composé de moines célibataires, connu dans le pays sous le nom de clergé *noir*, et un clergé séculier composé d'ecclésiastiques pères de famille chargés du ministère paroissial, c'est le clergé *blanc*. L'Eglise orthodoxe n'ayant jamais admis à l'épiscopat que des célibataires, comme les popes sont mariés, de tout temps l'épiscopat russe s'est recruté exclusivement parmi les moines.

La théologie nous apprend à distinguer dans l'évêque le pouvoir d'ordre et le pouvoir de juridiction, et la foi nous montre dans sa personne sacrée un pontife et un pasteur. Comme pontife, l'évêque russe est l'héritier des apôtres, l'égal des évêques catholiques ; il a le pouvoir d'ordre. Le caractère épiscopal, il est vrai, ne lui a pas été transmis par la voie légitime, mais la validité de sa consécration n'a jamais fait doute pour personne.

Comme pasteur, il est un intrus. Sans juridiction véritable parce que sans rapport avec celui de qui toute juridiction dépend, le pontife de Rome, il ne peut être, au sens chrétien, qu'un mercenaire et, au sens humain, qu'un fonctionnaire mitré.

Depuis l'établissement du Saint Synode, les évêques sont bien réellement et exclusivement nommés par l'empereur. Le Synode se borne à présenter trois noms et à contresigner les nominations impériales, vaines et insignifiantes formalités et depuis le jour de son élection jusqu'à la déposition ou à la mort, l'évêque demeure l'humble sujet de l'empereur et l'exécuteur docile de ses toutes-puissantes volontés. C'est lui qui l'a nommé, c'est lui qui le déplace; c'est lui qui *l'admet à se reposer* dans un monastère; c'est lui qui gouverne le diocèse par le secrétaire laïque nommé par son procureur synodal. — Ce fonctionnaire est autorisé officiellement à se trouver au conseil de l'évêque; il est assisté d'une chancellerie composée de six ou sept chefs de bureau avec leurs sous-chefs et leurs scribes. Il prend connaissance de toutes les affaires du diocèse. Il est spécialement et exclusivement chargé de la rédaction des pièces officielles. Toute la correspondance passe par ses mains.

Le nombre des évêques est, relativement à l'immensité de l'empire, peu considérable, à peine soixante, dont 50 pour la Russie d'Europe, ce qui fait qu'en étendue, un évêché russe égale de 15 à 20 fois un évêché français. Les divisions ecclésiastiques sont le plus possible calquées sur les divisions civiles; il y a cependant beaucoup moins d'évêques que de gouverneurs. Dans les gouvernements qui n'ont qu'un petit nombre d'orthodoxe dispersés au milieu de populations dissidentes, l'Église officielle est représentée par un vicaire ayant dignité et mission épiscopales.

De ces soixante diocèses ou *éparchies*, trois ont le titre de *métropoles*, 19 celui *d'archevêchés*; mais à ces titres ne correspond aucune attribution nouvelle; ils indiquent un rang, non une fonction. L'Exarchat de Géorgie mis à part, il n'existe en Russie aucune province ecclésiastique proprement dite. Tous les évêques dépendent directement et uniquement du pouvoir central. Tous ont même rang dans l'exercice de leur ministère. Les titres de métropolitain et d'archevêque n'appatiennent à aucun siège en particulier; purement honorifiques, ils sont donnés par le tsar en récompense de services personnels; nouveau lien qui rattache l'épiscopat à la puissance politique.

Il en est de même du traitement. Chaque évêque reçoit du trésor impérial un traitement qui varie entre 4000 et 6000 francs, plus des indemnités pour frais de table et de représentation et des subventions pour l'entretien des immeubles. A ces ressources dues à la munificence du souverain, il faut ajouter le casuel, les secours du Saint Synode et les dons volontaires, de sorte que ses revenus sont assez élevés sans être excessifs.

« Les Evêques, dit M. Leroy-Beaulieu, les principaux surtout, ont dans la société un haut rang dont, en général, leur mérite les rend dignes. Les choix du Synode et du gouvernement portent presque toujours sur des hommes éclairés, instruits, de mœurs pures... L'accès de l'épiscopat n'est point ouvert par l'intrigue. Il n'en est pas comme en Turquie, où les échelons de la hiérarchie ne sont trop souvent franchis qu'à prix d'argent. Sous le sceptre des tsars orthodoxes, l'Eglise russe est demeurée

indemne de la plaie invétérée de l'Eglise byzantine, la simonie.

« L'existence extérieure des évêques russes est
entourée d'un certain luxe, leur vie intérieure est
sévère. Ils sont astreints à la résidence ; conformément aux canons, à moins que la confiance du souverain ne les appelle à siéger au Synode. Ils ne quit-
tent guère leur ville épiscopale que pour de pénibles
visites pastorales dans leurs immenses diocèses.
Pris dans le cloître, les évêques ont d'ordinaire un
couvent pour demeure. A travers les plus hautes
dignités de l'Eglise et au milieu des honneurs les
plus élevés de l'Etat, ils observent la rigoureuse
abstinence des moines. Aux banquets des fêtes officielles, à la table même du tsar, ils ne touchent
d'autres mets que les légumes et les poissons. »

4. *Le clergé blanc.* — En Russie, le clergé paroissial
se compose régulièrement d'un prêtre, d'un diacre
et de deux clercs faisant fonctions de sacristain,
bedeau, sonneur, lecteur etc. (1). Pour tous le mariage
est obligatoire et la fonction héréditaire en ce sens
qu'un fils de prêtre, de diacre ou de clerc, est destiné
par sa naissance à faire partie du clergé ; c'est une
obligation à laquelle jusqu'à ces derniers temps, il
ne lui était pas permis de se soustraire, pas plus
qu'il ne lui était loisible lorsque l'heure du mariage
obligatoire est venue pour lui, de choisir hors de

---

(1) Les deux tiers des paroisses n'ont pas de diacre. Le
fameux *Règlement* de Pierre le Grand, fixe ainsi le nombre et
le rang des ecclésiastiques inférieurs. Dans chaque église
cathédrale : 1 protopope, 2 trésoriers, 5 popes, 1 protodiacre,
4 diacres, 2 lecteurs, 2 sacristains, 32 choristes. Pour les
autres églises principales : 1 protopope, 2 popes, 2 diacres, 2
sacristains, etc.

la caste sacerdotale la compagne de sa vie (1).
Depuis Pierre le Grand auteur de la législation qui
le régit sur ce point comme sur tant d'autres, le
clergé russe, en effet, est devenu une véritable caste.
Aux yeux du despote, le sacerdoce est un métier;
et il ne laisse pas même à ceux qui l'exercent
l'honneur de l'avoir choisi. Le *Lévitisme* — le mot
est de Katkof — est la grande humiliation et donne
le secret de l'étonnante faiblesse du clergé blanc.

Le niveau intellectuel et moral du clergé séculier
n'est jamais monté bien haut en Russie et pope n'a
jamais été synonyme de savant ni d'ascète. Avant
Pierre le Grand et Catherine, l'ignorance était
générale, presque absolue. Depuis Catherine, la
science des ecclésiastiques, sans être bien vaste,
est devenue presque suffisante. On a créé des séminaires diocésains, et des académies nationales à
Pétersbourg, à Moscou, à Kiew, à Kazan et ailleurs.
La fréquentation de ces écoles a été rendue obligatoire par plusieurs oukazes, et les fils de popes y
ont été parfois conduits chargés de chaînes.

Mais ce que le pope gagne en science, il le perd
souvent en vertu. Le paysan honnête désigné par
la confiance de ses concitoyens pour les fonctions de
pasteur, avait au moins la simplicité et les autres
vertus d'un chrétien sincère. Son fils lettré perd
comme fatalement, au contact des villes et au commerce de camarades sans scrupules et de maîtres
peu sûrs, la simplicité native, et souvent la foi fait

1. La caste entière comprendrait, d'après les derniers recen-
sements, plus d'un demi-million de membres : 140.000
membres actifs dont 500 protopopes, 60.000 popes et 80.000
diacres, sous-diacres et lecteurs ; 123.000 chantres, sacristains, etc., et 330.000 femmes ou enfants de clercs.

naufrage après la vertu. Que deviendra ce pauvre paria légalement condamné aux fonctions ecclésiastiques, sans vocation, sans vertu, sans foi peut-être ? Le voilà comme nécessairement réduit à l'une de ces deux alternatives : ou baisser tristement la tête dans les rangs d'un clergé dont il ne partage ni les convictions ni les goûts, ou la relever fièrement en s'insurgeant contre l'odieuse tyrannie qui le rive à un emploi qu'il abhorre.

Au point de vue de l'instruction et de l'éducation, le pope des villes est évidemment supérieur au pope de la campagne. Celui-ci est souvent très pauvre et de mœurs simples. Celui-là est souvent dans l'aisance, quelquefois dans le luxe. Tel curé de Saint-Pétersbourg, logé comme un prince aux frais de l'État, rivalise de luxe avec les grands seigneurs et donne des dîners fort estimés des gastronomes, et des bals fort courus par la jeunesse cléricale de la grande ville, tandis que le pope rural est souvent obligé de se livrer à un travail manuel, pour donner du pain à sa nombreuse famille.

« Le clergé, en général, lisons-nous dans un livre russe, est loin de répondre en Russie à l'importance de sa mission. Celui qui est en contact journalier et permanent avec les masses populaires se trouve dans un tel état d'infériorité et d'insuffisance qu'il peut à peine suffire à la partie matérielle de ses fonctions, à celles qui consistent dans l'accomplissement des devoirs extérieurs du culte. Sa position ne lui permet pas d'acquérir la moindre influence morale sur ses ouailles et encore moins de diriger leur conscience. Ce n'est pas que les prêtres russes manquent de lumières : ils sont, pour la plupart, plus instruits que la grande masse du peuple, et souvent, aussi instruits que les nobles, le mal que j'indique a plutôt sa cause dans la complète dépendance où ils sont de leurs paroissiens pour leurs moyens d'existence... Un autre obstacle.... c'est le manque d'un idiome dans lequel le prêtre puisse faire ses prédications d'une manière convenable... La langue du prédicateur et le style de la chaire sont encore à créer en Russie... Le style des orateurs sacrés les plus estimés, mélange de langue slavonne et de langue vulgaire, donne à l'ensemble de leurs œuvres quelque chose d'incohérent, de difforme même qui leur ôte beaucoup de leur prix (1). »

Deux traits surtout, au dire d'un autre russe, distinguent éminemment le clergé orthodoxe : la bonhomie, poussée jusqu'à la jovialité, et l'esprit national, poussé jusqu'au fanatisme. Simples par nature, mariés par obligation dogmatique, généralement très pauvres et chargés de famille, les prêtres russes partagent toutes les passions du peuple. Ils ne détestent ni la bonne chère ni le bon vin, et s'en font gloire ; mais la misère les force à travailler de leurs mains la terre, tout comme le dernier des paysans. Fort gais d'ordinaire, très libres en leurs paroles, plaisantant volontiers sur des sujets réputés chez vous très « gaulois », ils ont l'abord facile, l'humeur douce et le rire contagieux. Chez eux, pas l'ombre d'intolérance, excepté pour ce qui concerne la patrie. Si leur costume est ecclésiastique, leurs allures sont franchement populaires, et c'est pourquoi ils sont généralement aimés.

5. *Le clergé noir.* — Tous les moines russes sont censés vivre sous la règle de saint Basile. Jadis les différents monastères étaient unis entre eux de

_____

(1) TOURGUENEFF : *La Russie et les Russes.* T. II, p. 36 et suiv. Paris 1847.

manière à former une ou plusieurs congrégations Ainsi la Laure de saint Serge avait au moins quarante maisons sous sa dépendance. Mais le gouvernement, jaloux du crédit et de la puissance des moines, n'a rien négligé pour briser les liens qui faisaient la force de l'ordre monastique. Il n'y a que trop bien réussi. Les monastères ont été isolés, et la décadence prévue et voulue a suivi de très près cet acte de la politique impériale. Le moine russe ne peut guère avoir du véritable moine que l'habit. La plupart du temps, il entre au couvent sans vocation, y est reçu sans épreuve, y vit sans règle et ne connaît les vœux que de nom.

D'abord le personnel des couvents se recrute trop exclusivement dans la caste sacerdotale. Des séminaristes que leur ignorance ou d'autres imperfections ont fait condamner au cloître, des universitaires que la perspective de l'épiscopat fait renoncer au mariage, des popes qu'un précoce veuvage ou d'autres accidents condamnent à quitter le ministère paroissial: voilà qui on rencontre quatre-vingt-dix-neuf fois sur cent, sous le froc du moine russe. Et ce malheureux, qui vient sans vocation, est reçu sans épreuve; les séminaristes, traités par leurs aînés comme des domestiques, attendent, désœuvrés toujours et souvent vagabonds, l'âge légal de la profession religieuse, qui est de trente ans pour les hommes. Les universitaires sont admis à faire profession sans noviciat et avant l'âge réglementaire; les veufs ne sont plus en disposition ni en état d'être sérieusement formés. La Russie voit encore fleurir la triste institution des abbés commendataires, et pour comble de malheur, c'est la bureaucratie qui règle le choix des supérieurs archimandrites, hégoumènes, etc. Tous ces titres marquent les divers échelons d'une carrière ; pour beaucoup de ceux qui la suivent, le principal mobile paraît être l'avancement. Pendant que l'abbé thésaurise [et poursuit les honneurs, le moine, sans direction, souvent sans lumières, sans consolation, s'ennuie et s'enivre. Dans un pareil milieu, la vie religieuse, on le comprend, est presque impossible : pas de vie commune, les monastères où elle est obligatoire sont en très petit nombre ; pas d'obéissance sérieuse et durable, le despotisme dans les supérieurs réclame moins l'obéissance qu'il n'engendre la servilité. Il y a cependant parmi les moines russes un certain nombre d'hommes éclairés, honnêtes, chrétiens, sobres, pénitents et mortifiés. Cela prouve uniquement que les hommes valent mieux que les institutions.

Les couvents de femmes sont relativement peu nombreux en Russie (1), mais ils sont plus peuplés que les couvents d'hommes. On sait que le règlement de Pierre le Grand, qui ne permet aux moines de faire profession qu'après 30 ans, recule jusqu'à 50 ans l'âge légal de la profession des religieuses. Les professes sont par là-même en petit nombre, mais le nombre des personnes du sexe qui partagent leur genre de vie en attendant l'âge de leur profession est considérable. Si on ne tient compte que des professes, le nombre des religieuses est de beaucoup inférieur à celui des moines, mais si on fait entrer en ligne de compte les novices et les aspirantes, le nombre des religieuses l'emportera peut-être sur celui des moines.

(1) On ne compte pas moins à l'heure actuelle, écrit le correspondant du *Temps*, 1887, de 667 monastères orthodoxes ; les couvents d'hommes sont les plus nombreux ; il y en a 420 contre 247 de femmes, mais ils sont moins peuplés. Sur un total de 29,795 personnes ayant embrassé la vie monastique, on compte 18.904 femmes et 10.872 hommes.

6. *Popes et moines.* — Les deux clergés *blanc* et *noir* ne sont pas seulement distincts ; ils sont divisés. La distinction est aussi ancienne que le christianisme en Russie ; la division est relativement récente, mais elle a pris dans ces derniers temps surtout un caractère de gravité exceptionnelle.

Il fut un temps où moines et popes vivaient en paix contents de leur sort respectif. Le pope n'était alors qu'un simple paysan, sans lettres et sans ambition, choisi généralement par ses pairs, marié, père de famille, agréé et sacré par l'évêque, qui n'exigeait de lui que l'honnêteté et les quelques notions indispensables pour célébrer la messe et administrer les sacrements. Quelques jours passés dans un monastère le préparaient à l'ordination. Devenus prêtres, les anciens popes rentraient au milieu des leurs, et là, absorbés qu'ils étaient par l'accomplissement de leurs fonctions, le soin de leur ménage et les nécessités de la vie, conscients d'ailleurs de leur propre faiblesse, la pensée ne leur venait même pas d'envier aux moines les postes brillants et lucratifs que leur savoir et leur condition de célibataires leur permettaient d'occuper.

Mais la situation changea du tout au tout le jour où l'absolutisme des tsars eut rendu pour le clergé blanc l'instruction obligatoire, et fait de ce clergé, dans le sens où nous l'avons expliqué plus haut, une véritable caste. La division des deux clergés date en effet de la création des séminaires. Le jeune pope lettré, ses études finies, sera prêtre, puisqu'il est fils de prêtre, mais il n'aura plus ni les habitudes, ni les vertus natives, ni la résignation de son père illettré. Et cependant il n'a que le choix entre la vie religieuse qui ouvre l'accès à tous les honneurs et la vie du ministère, sans grand avenir : car, ne l'oublions pas, en

Russie, comme dans toute l'Eglise orthodoxe, les hautes fonctions ecclésiastiques, l'épiscopat en particulier, ne sont légalement accordées qu'à des célibataires religieux. Religieux célibataire avec l'espérance de tous les honneurs, ou pope marié dans une position inférieure, voilà la seule alternative du séminariste russe. S'il entre en religion, il y a cent à parier contre un qu'il ne sera jamais qu'un religieux très médiocre. S'il recule devant cet avenir de contrainte et d'hypocrisie, la loi le condamne au mariage, et partant brise son avenir. Voilà un mécontent, un cœur ulcéré, un jaloux, un déclassé. Il ne pardonnera pas aux moines de le supplanter partout. Il a conscience d'être instruit et honnête pour le moins autant qu'eux. Il ne pardonnera pas à la société d'avoir créé pour lui cette alternative inique et barbare — ou la vie religieuse sans vocation, ou le mariage sans avenir — et alors il prend en horreur le clergé noir qui l'arrête sur le chemin des honneurs, et il est prêt à s'insurger contre la société qui fait peser sur lui le poids d'une législation humiliante et cruelle ; de là la lutte violente, entreprise par le clergé blanc contre le clergé noir ; de là, en partie du moins, les sauvages attentats des nihilistes contre la société et le gouvernement.

« En général, on peut dire que dans la guerre qu'il fait au clergé noir, le clergé blanc a pour lui le gouvernement, l'opinion des gens chaque jour plus nombreux qui ont perdu toute conviction religieuse et la plupart des journaux. La grande force du parti opposé est dans le peuple et dans la crainte que l'on a de voir grossir les rangs des *Starovères*, le jour où l'on se permettrait des innovations trop flagrantes (1). »

(1) GAGARIN, *Etudes*, 1866, p. 230.

Le seul remède à un si grand mal, qui est en même temps pour la société et pour l'Eglise russe un péril très grave, serait, au dire du Père Gagarin, la liberté laissée aux popes intelligents qui n'ont aucun attrait pour la vie religieuse, de vivre dans le célibat, avec l'espérance d'arriver comme les moines aux honneurs et aux dignités dont leur talent et leurs vertus les auraient rendus dignes. L'Eglise russe garderait son clergé inférieur de popes mariés et son clergé régulier de moines, il n'y aurait qu'une catégorie de plus, composée de tous les membres du clergé séculier qui renonceraient au mariage et feraient dans le ministère paroissial vœu de chasteté, comme tous les prêtres séculiers de l'Eglise catholique. Ainsi disparaîtrait le monopole odieux des dignités ecclésiastiques réservées aux moines. Ainsi l'Eglise russe acquerrait un peu plus de ressemblance avec l'Eglise romaine.

Profond serait, au dire de beaucoup d'observateurs le discrédit dans lequel est tombée, aux yeux des Russes intelligents, leur propre Eglise, dégradée au point de n'être guère qu'un moyen de gouvernement entre les mains de l'empereur! sans prestige seraient ses évêques, et sans influence ses ministres. Y a-t-il lieu d'en être surpris? Faut-il s'étonner de voir les sectes les plus bizarres se multiplier au sein de l'ignorance et de la corruption contre laquelle est incapable de réagir un clergé, asservi, une Eglise momifiée et réduite à l'état d'une institution politique haïe et redoutée? Des témoins dignes de foi assurent que les *raskolniks* forment au moins le quart de l'Eglise russe. Ce qui a jusqu'ici protégé cette pauvre Eglise contre une dissolution complète, au milieu des sectes qui l'envahissent de toutes parts, c'est uniquement le bras séculier avec sa législation draconienne contre les dissidents. Mais le flot de l'erreur monte sans cesse, qui l'arrêtera? L'État sévit et l'Eglise dort. Qui la réveillera de son sommeil léthargique? Qui lui rendra avec l'honneur, la liberté et la puissance? Certes, ce n'est pas le tsar. Outre qu'il ne le pourrait pas alors même qu'il le voudrait, nous sommes bien sûr qu'il ne le voudra jamais. C'est du dehors, c'est du centre vivant de l'Eglise, c'est du Vicaire de Jésus-Christ, de Rome en un mot, et de Rome seulement que lui viendra le salut. C'est ce que voient clairement, même en Russie, les hommes qui réfléchissent; c'est ce qu'écrivait récemment à l'archimandrite Platonof et à tous les prélats de l'Eglise orthodoxe, le publiciste et historien russe bien connu Vladimir Solovief. Cet écrivain courageux établit nettement la vérité des points suivants : 1° que l'Eglise romaine ne s'est jamais rendue coupable d'hérésie; 2° qu'elle n'est jamais tombée dans le schisme; 3° que par conséquent la séparation des Eglises orientales et occidentales est sans fondement, et que 4° il est du devoir de tous de travailler à leur réunion.

FIN.

TABLE DES MATIÈRES.

AVANT-PROPOS. 3

CHAPITRE PREMIER.

ARCHEVÊCHÉ DE KIEV.

Sommaire : Dans le bassin du Dniéper : Blancs-Russiens et Petits-Russiens. — Les Cosaques. — L'Eglise ruthène. — La conquête normande. — L'évangélisation byzantine. — Conversion des Russes sous Vladimir. — Erection de l'évéché de Kiev en métropole sous Iaroslav le Grand. — Kiev et Rome. — L'anarchie princière et le morcellement de l'Eglise russe. 6

CHAPITRE II.

PATRIARCAT DE MOSCOU.

Sommaire : Les Grands-Russiens ou Véliko-Russes. — Avant l'invasion mongole. — Le joug mongol ou Tatarchtchina. — Les Grands-Princes moscovites. — Les Métropolitains de Moscou. — Moscou et Byzance. — Moscou et Rome. — Abolition du Patriarcat. — Le règlement ecclésiastique de Pierre le Grand. — Orthodoxes et Roskolniks. 28

CHAPITRE III.

SYNODE DE SAINT-PÉTERSBOURG.

Sommaire : Le tsar maître de son Eglise sans en être le chef. — Le Saint Synode : ses membres, ses attributions, le Procureur. — Les Evêques et les grades épiscopaux. — Le clergé blanc : mariage et hérédité, popes des villes et popes des campagnes. — Le clergé noir. — Popes et moines : rivalité et divisions ; les causes, le remède . . . 45

* 9 7 8 2 0 1 2 7 8 0 9 4 1 *